Friedrich Schorlemmer
Hier stehe ich – Martin Luther

IN SILENTIO FORTITVDO ET SPE ERIT VESTRA.

Friedrich Schorlemmer

Hier stehe ich
Martin Luther

Aufbau-Verlag

Mein Martin Luther

Hätte ich nur einer Seele die Augen geöffnet

und sie aus dem Abgrund errettet,

so hätte ich nicht umsonst gearbeitet.

Der widersprüchliche Mensch

Da steht er, der deutsche Luther, zum Bronzedenkmal erstarrt, vor der Ruine der Frauenkirche in Dresden, die nun wieder zur ecclesia triumphans wird. So steht er trotzig-protzig in Wittenberg, mit dickem Rechthabefinger auf dem Buchstaben der Schrift, ein Sockelheiliger, als habe er selbst nicht schon sehr früh jede Erhöhung barsch zurückgewiesen. Christus, schreibt er, und nur Christus soll im Mittelpunkt stehen! Christlich soll man sich nennen, nicht römisch-katholisch und nicht lutherisch oder sonstwie.

Was macht Dr. Martinus Luther für nachfolgende Generationen so interessant? Er ist ein frommer Christ, ein typischer Deutscher, ein liebenswürdiger Freund, Ehemann und Vater, ein begnadeter Prediger, ein geschliffener Polemiker, ein mit Ängsten Geschlagener und von Fröhlichkeit Überschäumender, ein klarsichtiger Kopf, ein in Vorurteilen Befangener, ein redseliger Tischgeselle, ein musischer Geist, ein nimmermüder Fürsprecher für alle, die es schwerer haben, ein von vielen Krankheiten lebenslang Geplagter. Er argumentiert feinsinnig, selbstironisch, subtil, und er haut grobschlächtig drein. Er kann es nicht mit ansehen, wie andere Hunger leiden oder ihnen Unrecht geschieht. Immer hat er sich eingemischt, sich selber nie schonend und stets uneigennützig.

Dieser Mann steht mitten im Leben. Dieser Mann stellt sich gegen eine ganze Welt. Seiner Sache gewiß sein, nie etwas gegen das eigene Gewissen tun! Als ein Befreiter (Eleutherios = Luther) hat er sich verstanden, der anderen zur Freiheit verhelfen wollte.

Luther ist widerständig, widerspenstig, unerbittlich stur, versessen, obrigkeitsgehorsam. Das macht ihn legendär, das macht ihn kompatibel mit den Bedürfnissen nachfolgender Generationen: Die einen sehen in ihm den Vorläufer der Aufklärung, die anderen den Verursacher des Dreißigjährigen Krieges – diesen deutschen Nationalheros, diesen Bauernaufrührer und Bauernschlächter, diesen Nationalökonomen und Schöpfer der deutschen Sprache, diesen Liebling von Herrschaften, die andere gern zu Untertanen machen, diesen Freund aller, die in ihrem Beruf ihre

Seite 2

1 Lucas Cranach d. Ä.,
Luther als Reformator.
Gemälde, 1532
Inschrift: »Durch
Stillesein und
Hoffen würdet
ihr stark sein.«
(Jesaja 30, 15)

Seite 4

2 Lucas Cranach d. Ä.,
Bildnis Martin Luther.
Gemälde, 1520

jeweilige Berufung, in *jedem* Stande ihren Wert und ihre Würde erfahren und entdecken.

Die einen reduzieren ihn zu einem Talkmaster aufgrund seiner kurzweiligen Tischreden, die anderen auf seine sinnenprall-derben Sprüche, die dritten auf den geistigen Leichnam der Orthodoxie, die vierten auf seinen sozialrevolutionären oder seinen sozialkonservativen Zug. Oder sie suchen gar nur alle Spuren seines verfluchten Antijudaismus, samt seiner anderen irrationalen Feindphobien.

Die Befreiung aus den Fängen Roms

Hätte es Luther nicht gegeben, säßen wir dann noch immer in den Fängen Roms, seiner heiligen Offizien und seiner Zentralkomitees, seiner Dogmen und papistischen Ex-cathedra-Sprüche?

Goethe hat am Ende seines Lebens Luther zu einem Freiheitshelden stilisiert: »Luther arbeitete, uns von der geistlichen Knechtschaft zu befreien; möchten doch alle seine Nachfolger so viel Abscheu vor der Hierarchie behalten haben, als der große Mann empfand. Er arbeitete sich durch verjährte Vorurteile durch und schied das Göttliche vom Menschlichen, so viel ein Mensch scheiden kann, und was noch mehr war, er gab dem Herzen seine Freiheit wieder und machte es der Liebe fähiger.« Für den liberalen Universalgelehrten Goethe schließt diese Würdigung eine scharfe Kritik der Theologie Luthers nicht aus, doch gesteht er ihm und der Reformation zu, uns befähigt zu haben, »zur Quelle zurückzukehren und das Christentum in seiner Reinheit zu fassen«.

Daß allein Männer Geschichte machen, ist eine Mär des 19. Jahrhunderts. Was Luther tat, lag auch in der Zeit. Und doch beruht die »neue Freiheit« auf seiner persönlichen Leistung, auf seinen durch die Bibel gefestigten Überzeugungen. Ein einzelner Mensch aus einer kleinen rechtselbischen Stadt hat sich den Bedrängnissen und Konflikten seiner Epoche gestellt und europäische Geschichte geschrieben.

3 Blick auf Witten-
berg vom Turm der
Schloßkirche

Wer einmal in Wittenberg von einem Ende zum anderen in fünfzehn
Minuten gelaufen ist, dann durch Rom geht und an kein Ende kommt,
kann sich vorstellen, wie lächerlich es dem Papst in all seiner Pracht
erschienen sein mag, als im dunklen Norden, in einem Provinznest, ein
Augustinereremit mit ein paar Thesen Aufruhr erweckte. Eine Petitesse.
Ein Klacks. Der Mann würde schon zum Schweigen gebracht werden.
Und werde er nicht willig folgen, so brauche man Gewalt. Darin war Rom
erfahren. Dieser »deutsche Böhme« solle sich nur genauer nach den
Geschehnissen in Konstanz 1415 erkundigen (Giordano Bruno und
Galileo Galilei haben sich später daran erinnern müssen, welche lebens-
bedrohenden Folgen ketzerische Weltbilder haben können). Aber der
Ketzer Luther widerrief nicht – und er überlebte.

Martin Luther ist ein *Sozialreformer.* 1522 ist in seiner Stadt die erste
reformatorische Sozialkasse eingeführt und die Fürsorge jedes Einzelnen
und des Gemeinwesens für die Armen, Kranken und Schwachen als all-

gemeine Christenpflicht herausgestellt worden. Das ist mehr als Almosen; damit beginnt die allgemeine Sozialgesetzgebung, die ihre Tragfähigkeit freilich nicht nur durch Gesetze erhält, sondern durch die innere Haltung.

Martin Luther ist ein *Kirchenreformer*. Er hat an die Mündigkeit und Urteilsfähigkeit anderer geglaubt und ein funktionierendes Gemeinwesen sowie eine funktionierende Kirchgemeinde der tätigen Mitverantwortung konzipiert, wiewohl er die ordnende Funktion der Obrigkeit nirgendwann in Zweifel stellte.

Martin Luther ist zum *Sprachschöpfer* geworden, vor allem seine Bibelübersetzung (1522 und 1534) ist eine geglückte Symbiose von Volkssprache und Kunstsprache.

Er wird zu Recht gefeiert als *Befreier des Individuums* aus den knechtenden Dogmen und umschlingenden Institutionen. Seine Reformation der Kirche ist nicht auf eine Spaltung aus gewesen, sondern auf eine »Perestroika« der Kirche – vom Kreuz Christi her.

»Die Wittembergisch Nachtigall« setzte theologische Konzentration gegen religiöses Brimborium, die Stimme des getrösteten, frei entscheidenden Gewissens gegen die Forderungen des angstmachenden Gehorsams. Luther stellte die Religion des unfaßbaren Geheimnisses gegen den Reliquienkult eines materialisierten Aberglaubens, das nackte Holzkreuz von Golgatha gegen die Goldkreuze der triumphierenden Kirche, die reinen Quellen des Glaubens gegen eine verwässerte und verfälschende Tradition.

Ich stelle mir vor, Luther hätte das II. Vatikanische Konzil und einen Papst Johannes XXIII. miterleben dürfen!

Der Kern der Botschaft

Das Bedeutendste, das er uns hinterlassen hat, und was wir nur bei Strafe der Banalisierung unserer wunderbaren Sprache versäumen können, ist und bleibt seine Verdeutschung der Bibel. Es gibt wahrlich keine Übersetzung, die an seine Sprachleistung heranreicht. Alle verständlichkeitsbesessenen Glättungen, die die Revisionen mit sich gebracht haben, entfernen nur von Luthers lebensgesättigtem Sprachgestus, seiner genialen Lautmalerei, seiner hintergründigen und bildkräftigen Poesie.

In der Weihnachtsgeschichte des Lukas übersetzt er: »Es waren Hirten in derselben Gegend auf dem Felde bei den Hürden, die hüteten des Nachts ihre Herde.« Hirten, Hürden, hüten, Herde.

Welche Erhabenheit hören wir aus dem Bericht über das Abendmahl in seiner Übersetzung: »In der Nacht, da er verraten ward, nahm er das Brot, dankte und brach's, gab's seinen Jüngern und sprach: Nehmet und esset …«

Zudem ist er auf Formulierungen gekommen, für die man ihn einfach umarmen möchte. Daß »Gott ein Backofen voller Liebe« sei und man ganz und gar gelassen sein könne, darauf vertrauend, daß das Wort seine Wirkung tue, wir indes mit unserem angestrengten Tun alle »elende Hümpler und Narren« seien. Die Wahrheit des Worts wird sich Raum schaffen – durch den, der Wahrheit ist. So ruft er in einer seiner berühmten Predigten 1522 seiner Gemeinde zu: »Während ich mit meinem Freunde Philippus mein Wittenbergisch Bier trinke, läuft das Evangelium.«

Wenn Luther nach Gott fragt, dann setzt er gegen alle gelehrt-theoretischen Spekulationen und philosophisch-dialektischen Klimmzüge, gegen subtile Definitionen und umständliche Gottesbeweise den einfachen Satz: »Woran du dein Herz hängst, das ist dein Gott.«

So heißt es in der Auslegung des ersten Gebots im Großen Katechismus:

»*Du sollst nicht andere Götter haben.*

Das ist: Du sollst mich alleine für deinen Gott halten. Was bedeutet das, und wie versteht man's? Was heißt ›einen Gott haben‹, oder was ist Gott? Antwort: Ein Gott heißet das, dazu man sich versehen soll alles Guten und Zuflucht haben soll in allen Nöten. Also daß ›einen Gott haben‹, nichts anderes ist, als ihm von Herzen trauen und glauben; wie ich oft gesagt habe, daß alleine das Vertrauen und Glauben des Herzens beide macht: Gott und Abgott. Sind der Glaube und das Vertrauen recht, so ist auch Dein Gott recht; und umgekehrt: wo das Vertrauen falsch und unrecht ist, da ist auch der rechte Gott nicht. Denn die zwei gehören zu Haufe (zusammen), Glaube und Gott. Worauf Du nun (sage ich) Dein Herz hängest und verlässest, das ist eigentlich Dein Gott. …

Es ist mancher, der meinet, er habe Gott und alles genug, wenn er Geld und Gut hat; er verläßt und brüstet sich darauf so steif und sicher, daß er auf niemand etwas gibt. Siehe: dieser hat auch einen Gott, der heißet Mammon, das ist Geld und Gut, darauf er all sein Herz setzet, welches auch der allergewöhnlichste Abgott auf Erden ist. Wer Geld und Gut hat, der weiß sich sicher, ist fröhlich und unerschrocken, als sitze er mitten im Paradies; und umgekehrt: wer keins hat, der verzweifelt und verzagt, als wisse er von keinem Gott. Denn man wird ihrer gar wenig finden, die guten Mutes seien, nicht trauern noch klagen, wenn sie den Mammon nicht haben; es klebt und hängt der Natur an bis ins Grab.

Gott ist alleine der, von dem man alles Gute empfängt und allen Unglücks los wird. Daher achte ich, nennen wir Deutschen Gott eben auch von alters her, mit dem Namen (feiner und treffender als jede andere Sprache) nach dem Wörtlein ›gut‹, als der ein ewiger Quellbrunn ist, der von eitel Güte überfließt und von dem alles, was gut ist und heißt, ausfließt.

Denn ob uns gleich sonst viel Gutes von Menschen widerfährt, so heißet es doch alles von Gott empfangen, was man durch seinen Befehl und Ordnung empfängt. Denn unsere Eltern und alle Obrigkeit, dazu ein jeglicher gegen seinen Nächsten, haben den Befehl, daß sie uns allerlei Gutes tun sollen, so daß wirs nicht von ihnen, sondern durch sie Gott empfangen. Denn die Kreaturen sind nur die Hand, Kanäle und Mittel, dadurch Gott alles gibt, wie er der Mutter Brüste und Milch gibt, sie dem Kinde zu reichen, Korn und allerlei Gewächs aus der Erde zur Nahrung, welcher Güter keine Kreatur eines selbst machen kann. Deshalb soll sich kein Mensch unterstehen, etwas zu nehmen oder zu geben, es sei denn von Gott befohlen, daß man's als seine Gabe kenne und ihm darum danke.«

Populäre Legenden

Was ist eine berühmte Person ohne ihre Legenden? Die drei populärsten Worte Luthers sind ebenso wenig belegbar wie die dramatischen Hammerschläge am Vortag von Allerheiligen 1517 an die Tür der Schloßkirche. Oder das Tintenfaß, mit dem er in der winzigen Wartburg-Kemenate im Wutausbruch nach dem Teufel geworfen habe. Diese Erdichtungen bezeichnen in der Sache durchaus Zutreffendes. Ein spektakulärer Hammerschlag fand nicht statt, doch die Thesen wurden in der Tat in Windeseile in ganz Deutschland verbreitet und fanden einen überraschenden Widerhall. Und mit Tinte, mit geschriebenen, gedruckten und von den Menschen aufgenommenen Worten hat dieser Mann die Welt verändert und dem Teufel und all seinem Wesen das Handwerk gelegt. (Er-)Dichtung wird hier zur Wahrheit, denn sie bündelt Grundhaltungen.

»*Hier stehe ich. Ich kann nicht anders.*« Das wollen die damaligen Beobachter in Worms am Ende seiner Verteidigungsrede gehört haben.

4 Luther (Joseph Fiennes) schlägt die 95 Thesen am Tor der Schloßkirche in Wittenberg an.

Diese Worte hat Luther nie gesprochen! Doch sie stimmen völlig überein mit dem, was er dort als ein Abgehärmter mit demonstrativ geschorener Tonsur vor Kaiser und Reich vortrug. Ungebrochen seinem Gewissen folgend, seiner Erkenntnis getreu, hat er dem massiven öffentlichen und »staatsoffiziellen« Druck widerstanden, der ihm ein Revoco! (ich widerrufe) abnötigen wollte. Er konnte wirklich nicht anders. Aber: Das hat er so nicht gesagt, sondern praktisch getan. Aufrecht. Mutig. Gewiß.

Das populäre Wort »*wenn ich wüßte, daß morgen die Welt unterginge, so würde ich heute noch ein Apfelbäumchen pflanzen*« stammt aus dem Brief eines Pfarrers, mit dem dieser 1944 einen anderen Pfarrer stärken wollte nach dem gescheiterten Putsch vom 20. Juli. Dieser »Lutherspruch« wurde zum Hoffnungssatz, der konkretes Tun einschloß, gerade in einer Zeit, da alles – widerstehende! – Tun sinnlos schien. Der Verantwortung in diesem Leben gerecht werden, unbeeindruckt davon, ob man Erfolg hat mit dem, was man für richtig hält und wovon man im Innersten überzeugt ist. Auch wenn morgen alles untergeht – heute noch will ich so handeln, wie es mir aufgetragen ist. Dieses Leben und diese Welt nicht aufgeben – als ein Mensch, der nicht von Gott aufgegeben ist. Glauben, daß Gott diese seine Schöpfung nicht aufgibt – sie mag bleiben, sie mag vergehen. Das entspricht ganz und gar Luther. Aber er hat es mit anderen Worten gesagt: »*Man soll arbeiten, als wollte man ewig leben, und doch so gesinnt sein, als sollten wir diese Stunde sterben.*«

»*Wir sind Bettler, das ist wahr*«, das soll auf einem Zettel gestanden haben, der neben seinem Sterbebett gelegen hat. Kein Satz sagt eindrücklicher, was er mit Rechtfertigung allein aus Glauben gemeint hat. Wir Menschen stehen vor Gott mit leeren Händen – mit geöffneten Händen, die annehmen, was ihnen geschenkt wird. Wir sollen uns nichts auf uns einbilden, wir brauchen uns nur ganz und gar einem gnädigen Gott anzuvertrauen, im Leben und im Sterben.

Schon diese fünf legendären Überlieferungen sagen *alles*, was über Luther zu sagen ist – wenn man zudem bedenkt, daß Freiheit und Freimut aus der *Befreiung* kommen, die einem Menschen zuteil wird, der sich nicht von seiner moralisch-religiösen Leistung her definiert.

Die Hochämter der Leistungsreligion

W as Martin Luther in unzähligen Variationen bedacht und gesagt hat, steht im Widerspruch zu den Selbstdarstellungs*ritualen*, den Leistungs*paternostern*, den Gewinner*lobpreisungen* wie den Verlierer*litaneien*, den *Hochämtern* mit all ihrem Glitzer und Glamour, den Selbst-*beweihräucherungen*, den überdrehten Vergebungs*bittgesängen*, den Macht*anbetungen*, den Trauer- und Angst*requien* vor Alter, Vergessen-werden und Tod. All diese säkularisierten und heute meist medial insze-nierten Rituale sind fragwürdige Pseudoreligionen.

Die moderne Leistungsreligion feiert täglich ihre Hochämter. Sie ist so gnadenlos wie gottlos – und gnadenlos, weil gottlos. Person und Werk werden nicht getrennt, sondern geradezu in eins gesetzt; solange einer »oben« ist, ist er wer, sowie einer »unten« ist, wird er ein Nichts. Sowie Macht und Eigeninteresse an die erste Stelle rücken, kommen Ideen und Überzeugungen nicht an die zweite, sondern an die letzte Stelle.

Realpolitischer – also erfolgsorientierter – Opportunismus verbietet sich selbst jede Gewissenseinrede.

6 Sir Peter Unstinov als Friedrich der Weise

Martin Luther gehört zu jenen Großen der Menschheitsgeschichte, die Überzeugung und Gewissen nicht auf dem Altar berechnender oder ängstlicher Kalküle zu opfern bereit waren. Und er gehört zur kleinen Schar derer, die sich unermüdlich anschickten, Überzeugungen nicht mit Gewalt, sondern allein mit dem überzeugenden Wort zum Erfolg zu bringen.

Der Lebensweg eines frommen Rebellen

Man lasse die Geister aufeinanderplatzen,

aber die Faust haltet still.

Die Flucht aus der Angst

In Eisleben ist Martin Luther am 10. November 1483 geboren, einer Kupferbergbaustadt, die bis heute unterhöhlt ist. Er wächst mit der Welt der Kobolde, mit Schreckensgeschichten und angstmachenden Geistern auf. Noch in hohem Alter hört er bei jedem nächtlichen Spuk auf dem Dachboden den Teufel persönlich. Eine mark- und beinerschütternde Angst verläßt ihn sein Leben lang nicht, jenes biblische »Furcht und Zittern«, das Søren Kierkegaard später aufgreifen sollte. Es ist die kreatürliche Lebensangst ebenso wie die Angst, zu versagen und erschüttert zu sein von den Ansprüchen, die die Wahrheit bei der Begegnung mit Gott an den Menschen stellt. Markerschütternd. Es ist jene existentielle »Verzweiflung, man selbst sein zu wollen« und zugleich »nicht man selbst sein zu wollen«. Nicht er selbst sein zu *können* – jedenfalls nicht aus eigener Kraft –, wird zu Luthers Lebensproblem und später zum erlösten »neuen Sein« in Christus. Ohne seine tiefen Ängste wäre er auch nicht zu der Tiefe – einschließlich aller Abgründigkeit – gelangt, die ihn ausmacht.

Ausgesprochene Ängste sind schon halb überwundene Ängste. Oft und bildreich erzählt Luther von der Kraft, die den Menschen in Traurigkeit treibe, ihn anfechte und verzweifeln lasse. Mit Scharfsinn, Glaubenszuversicht und Humor weist er den Herren der Finsternis ab, der unsere Gedanken verdunkelt, unsere Gefühle verstört und unsere Ängste listenreich schürt. Wenn es nur oben im Dach poltert, nimmt Luther es noch relativ leicht: »Es ist aber nicht ein seltsam, unerhört Ding, daß der Teufel in den Häusern poltert und umhergehet. In unserem Kloster zu Wittenberg hab ich ihn verschiedenmal gehört. Denn als ich anfing, den Psalter zu lesen, und nachdem wir die Nachtmette gesungen hatten und ich im Rempter saß, studirete und schrieb an meiner Lektion: Da kam der Teufel und rauschte in der Hölle dreimal, gleich als wenn einer einen Scheffel aus der Hölle schleifete. Zuletzt, da es nicht wollte aufhören, raffte ich meine Bücherlein zusammen und ging zu Bette: Aber mich reuet es diese Stunde, daß ich ihm nicht aussaß, und hätte doch gesehen, was der Teufel noch wollte gemacht haben. So hab ich ihn auch sonst einmal über meiner Kammer im Kloster gehöret, aber da ich vermerkt, daß er's war, achtete ich's nicht, und schlief wieder ein.«

Und dennoch, der Teufel ist ein nimmermüder Gast im Geiste und Hause Luthers. Da heißt es täglich widerstehen, »daß der Glaube nicht träge und faul werde«.

Was einmal aus diesem Bergmannssohn werden würde, kann niemand ahnen.

Der strenge Vater Hans Luder wünscht sich jedenfalls, daß aus seinem Sohn etwas werde. Alles steckt er in das begabte Kind – wie so viele Eltern, die sich in ihren Kindern selbst zu verwirklichen suchen. Hans Luder hat sich mühsam und strebsam hochgearbeitet, und Margarete Luder sieht man noch auf einem Gemälde Cranachs an, was sie täglich zu tragen hatte. Luther selbst erzählt später in einer seiner kurzweiligen, skurrilen und lebensgesättigten Tischreden:

»Meine Eltern waren zuerst arme Leute. Mein Vater ist ein armer Häuer gewesen. Die Mutter hat alle ihr Holz auf dem Rücken eingetragen, damit sie uns erzogen hat. Haben harte Arbeit ausgestanden, dergleichen die Welt jetzt nicht mehr ertrüge.

Meine Mutter stäupte mich einmal um einer einzigen Nuß willen, daß das Blut hernach floß. Und ihr ernst und gestreng Leben, das sie mit mir führten, das verursachte mich, daß ich zuletzt in ein Kloster lief; wiewohl sie es herzlich gut gemeint haben, wurde ich doch allzu erschrockenen Gemüts.

Mein Vater stäupt' mich einmal so sehr, daß ich ihn floh, und dass ihm bang war, bis er mich wieder zu sich gewöhnt. Ich wollt' auch nicht gern meinen Hansen sehr schlagen, sonst würd' er blöde und mir feind, so wüßt' ich kein größer Leid … Unser Herrgott wollt' auch nicht gern, daß wir ihm feind würden.«

Die Eltern schicken den Sohn auf die Knabenschule in Magdeburg und Eisenach. Der gehorsame Sohn studiert in Erfurt. Der Vater will, daß er Jurist wird. Ein lustiger, ein lebenslustiger Kerl soll er gewesen sein, zugleich aber merkwürdig verschlossen. 1505 besteht er das Examen zum Magister artium als zweitbester Kandidat und hat damit eine erste

Lehrerlaubnis. Ein einfacher Bergmannssohn ist zu einem respektierten Universitätslehrer geworden. Fleiß und Eifer haben sich gelohnt. Der Vater wechselt stolz seine Anrede und spricht den eigenen Sohn fernerhin mit »Sie« an. Er macht sich berechtigte Hoffnungen auf eine bürgerliche Karriere Martins – mit einer entsprechenden Ein-Heirat in eine Erfurter Honoratiorenfamilie.

Nun fehlt nur noch das Studium einer der drei »höheren Fakultäten«. Auch damals schon eröffnete Jura vielfältige Anstellungs- und Aufstiegsmöglichkeiten.

Indes packt Martin eine tiefe innere Unruhe. Er ahnt, daß ihm diese Laufbahn nicht genügen, ja daß sie ihn langweilen würde. Später erinnert er sich an eine Begegnung mit einem alten Mann in Erfurt, der ihm gesagt hat: »Es muß eine Änderung werden, und die ist groß, es kann also (so nicht weiter) bestehen.« Eine kryptische Vorahnung Luther selbst betreffend? Jedenfalls regt sich etwas in ihm, das »den Kern der Nuß, das Innere des Weizenkorns, das Mark des Knochens« selber zu ergründen bestrebt ist. In dem geselligen, viele gute Freundschaft haltenden jungen Mann mit dem braunroten Barett tritt das Grüblerische, das seltsam Verschlossene und Abgründige, das Radikale des Denkens, Wollens und Fühlens hervor, ohne daß andere es gleich spüren würden. Bei den Juristen hält er es nicht aus (später fällt er über Juristen meist harsche Urteile). Wenige Wochen nach Semesterbeginn läßt er alles stehen und liegen und macht sich auf zu seinen Eltern nach Mansfeld, von wo er am 2. Juli 1505 – wiederum zu Fuß – nach Erfurt zurückkehrt. Dort angekommen, berichtet er seinen Bursengenossen erregt, in der Nähe des Dorfes Stotternheim sei ein Blitz direkt neben ihm eingeschlagen und er habe in Lebensangst die heilige Anna – die ihm seit Kindheit vertraute Schutzpatronin der Bergleute und die Helferin in extremer Not – um Beistand angerufen und ihr gelobt, Mönch zu werden. Für das Ereignis gibt es keine Zeugen. Jedenfalls ist ihm sein Entschluß unumstößlich, anderen unbegreiflich. Er schmeißt alles hin und feiert seinen Abschied aus dem zivilen Leben. Daran erinnert sich Luther 1539: »Am Tage vor Alexii lud ich eine Reihe von Freunden zu einem Abschiedsschmaus ein, daß sie mich in der Frühe zum Kloster geleiten sollten. Da sie mich noch immer zurückhalten wollten, sagte ich: Heut seht ihr mich, und nimmermehr! Da geleiteten sie mich mit Tränen.«

Der Erfurter Magister kehrt sich nicht nur vom bürgerlichen Leben, sondern auch vom Vater ab, der mit seinem Sohn eigene Pläne hatte. Schließlich will der Bergmann, daß der Sohn etwas Ordentliches werde, etwas Handfestes und Einträgliches lerne. Der Vater ist bestürzt und zürnt. Eiszeit zwischen Vater und Sohn. Luthers lebenslanges Problem: sein Vaterkomplex (auch wenn sich mit seiner Heirat 1525 das Verhältnis zwischen ihm und dem Vater entspannen wird). Liebevoll und einfühlsam reflektiert Luther dies: »Hatte doch mein lieber Vater mit aller Lieb und Treu in der hohen Schule zu Erfurt mich gehalten und durch seinen sauren Schweiß und Arbeit dahin geholfen, daß ich hingekommen bin. Da ich ein Mönch wurde, wollte mein Vater toll und töricht werden, schrieb mir einen bösen Brief und hieß mich ›Du‹ – vordem hatte er mich ›Ihr‹ genannt – und sagt' mir väterliche Treue ab. Zu meiner Primiz kam er selbst mit zwanzig Reitern. Ich sagt' zu ihm: Warum seid Ihr noch immer zornig? Er: Hast du nicht gelesen: Ehre Vater und Mutter? Und vor aller Ohren: Wollte Gott, daß es nur kein Teufelsgespenst war.« Damit ist der Schrecken durch den Blitzschlag vor Stotternheim gemeint.

In einem Brief von der Wartburg – in seiner Zwangsklausur – bekennt Luther im November 1521: »Ich bin nicht gern und nicht aus Eifer ein Mönch geworden, viel weniger des Bauchs wegen, sondern da mich eine Angst und Todesschreck unversehens überfiel, tat ich ein erzwungen und erdrungen Gelübde. Da sagtest du: Gott gebe nur, dass es kein Teufelsgespenst gewesen sei! Das Wort durchdrang mich bis ins innerste Herz, gleich als hätte Gott durch deinen Mund geredet; aber ich verstockte mein Herz, so gut ich konnte, wider dich und dein Wort. Da ich dir aber mit kindischer Kühnheit deinen Groll vorrückte, gabst du mir noch eine zweite Antwort, und die traf mich so, daß mich dünkt, ich habe all meiner Lebtage aus keines Menschen Mund ein Wort vernommen, das mir mächtiger geklungen und fester gehaftet habe: Hast du nicht gehört das Gebot ›Ehre Vater und Mutter‹? Dennoch macht' ich mich sicher in

meiner Gerechtigkeit, hielt's nur für Menschenwort und wollt' es kühn-
lich verachten: denn es von Herzen verachten, das konnt' ich nicht.«

Die Beinahe-Identifizierung elterlicher, obrigkeitlicher und göttlicher
Autorität wird ein Lebensthema Luthers sein.

Er nimmt sein Leben als Bettelmönch im Augustiner-Eremiten-
Kloster ernst, sehr ernst, zu ernst. Er kasteit sich. Angst vor dem Gericht
und dem strafenden Gott verfolgt ihn, Tag und Nacht. Was kann er noch
tun, um dem gestrengen Gott Genüge zu tun?

Einen ihn begütigenden, väterlichen Freund findet er im Ordensoberen Johann von Staupitz. Der ahnt, was im Bruder Martin schlum-
mert, heranreifen und hervorbrechen wird.

Luther erzählt später: »Unter diesem Baum (im Hof des Klosters) hat
mich Staupitz angesprochen, ich müsse Doktor werden, aber ich hatte
fünfzehn Gründe dagegen. Sagt Staupitz: Wollt Ihr klüger sein als der
ganze Konvent? Drauf ich: Mir ist's gewiß, daß ich nicht lange leben
werde; wozu alsdann solch großer Aufwand! Antwortet Staupitz: Es ist

gleich recht. Unser Herrgott hat jetzt viel zu schaffen; wenn Ihr sterbt, so kommt Ihr in seinen Rat, denn er muß auch einige Doktores haben! So widerlegte er mich scherzhaft.«

9 Luthers erste Messe

In Staupitz erlebt er einen, der, anders als der Vater, nicht nur Gehorsam will und fortwährend Daseinszweifel provoziert. Diese neue Vatererfahrung geht einher mit einer neuen Gotteserfahrung.

Immer wieder wendet sich Luther mit einem kindlichen Vertrauen an seinen Ordensoberen: »Da ich ein Mönch war, schrieb ich Dr. Staupitz oft, und einmal schrieb ich ihm: O meine Sünde, Sünde, Sünde! Darauf gab er mir diese Antwort: Du willst ohne Sünde sein und hast doch keine rechte Sünde; Christus ist die Vergebung rechtschaffener Sünden, als die Eltern ermorden, öffentlich lästern, Gott verachten, die Ehe brechen, das sind die rechten Sünden. Du mußt ein Register haben, darin rechtschaffene Sünden stehen, soll Christus dir helfen; mußt nicht mit solchem Humpelwerk und Puppensünden umgehen und aus einem jeglichem Bombart (lautes Geräusch) eine Sünde machen!

10 Luther in Rom

Da ich so traurig und erschlagen war, hub Dr. Staupitz an zu mir über den Tisch hinweg und sprach: Wie seid Ihr so traurig, Frater Martine? Da sagte ich: Ah, wo soll ich hin? Sprach er: Ah, Ihr wißt nicht, daß Euch solche Tentatio (Versuchung) gut und not ist, sonst würde nichts Gutes aus Euch! Das verstand er selbst nicht, denn er dachte, ich wäre gelehrt und wenn ich nicht Anfechtung hätte, so würde ich stolz und hoffärtig werden.

Es sagte einmal mein Beichtvater zu mir, da ich immer närrische Sünde vor ihn brachte: Du bist ein Narr! Gott zürnt nicht mir dir, sondern du zürnst mit ihm; Gott ist nicht zornig auf dich, sondern du bist auf ihn zornig! Ein teuer, groß und herrlich Wort, das er doch vor diesem Licht des Evangelii sagte!

Darum, wer mit dem Geist der Traurigkeit geplagt wird, der soll aufs Höchste sich hüten und vorsehen, daß er nicht allein sei. Denn Gott hat die Gesellschaft in der Kirche geschaffen und die Brüderschaft gebeten, daß sich ihre Glieder sollen zusammenhalten, wie die Schrift sagt: Weh

dem Menschen, der allein ist; denn wenn er fällt, so hat er nicht, der ihm aufhilft. Auch gefällt Gott die Traurigkeit des Herzens nicht.«

Eine Reise in Ordensangelegenheiten führt Luther im Winter 1510 – zu Fuß, wie es den Mönchen geboten ist! – nach Rom, in eine ihm fremde Welt. Er liest dort selbst Messen, hat auch »viele Andere Messen halten sehen, so daß mir grauet, wenn ich daran denke. Da hörte ich unter anderem grobe Possen über das Abendmahl die Priester lachen.«

Später resümiert er: »Rom ist jetzt nur ein totes Aas und Haufen Schutt. Der Papst triumphiert mit hübschen geschmückten Hengsten, die vor ihm herziehen, und er führt das Sakrament (ja, das Brot) auf einen hübschen, weißen Hengst. Nichts ist da zu loben …«

Früh erfüllt ihn Mißtrauen gegen die Kirchenlehre und das Sentenzen-Lehren. Er entdeckt für sich die Heilige Schrift, die ihn begeistert, die er sein Leben lang auslegen und schließlich in die deutsche Sprache, zugleich in seine unmittelbare Lebenswirklichkeit, die Lebenswirklichkeit der einfachen Menschen, übertragen wird.

Die Flucht aus der Angst 25

1508 holt Staupitz ihn nach Wittenberg. 1511 wird Luther Professor und zugleich Prediger an der Stadtkirchengemeinde, wo er ein Arbeitspensum von unvorstellbaren Ausmaßen absolviert.

Bereits im Oktober 1516 schreibt er an Johannes Lang: »Ich müßte mir eigentlich zwei Schreiber oder Kanzlisten halten; denn den ganzen Tag tu ich nichts als Briefe schreiben. Drum werde ich wohl immer dasselbe wiederholen. Ihr werdet es bemerkt haben. Ich bin Klosterprediger und Tischprediger, und auch für den Predigtdienst in der Pfarrkirche begehrt man mich täglich; außerdem bin ich noch Leiter der Studienanstalt unseres Ordens; ich bin Ordensvikar und verrichte damit die Geschäfte von elf Prioren; in Leitzkau muß ich die Fischpacht vereinnahmen und in Torgau die Sache der Herzberger Mönche vertreten; ich halte Vorlesungen über Paulus, und außerdem stopple ich mir ein Kolleg über die Psalmen zusammen. Zu alledem kommt als zeitraubende Beschäftigung mein Briefwechsel. Selten habe ich Zeit, die Feier der Horen ordentlich zu halten; und wie oft bin ich Anfechtungen des

Fleisches, der Welt und des Teufels ausgesetzt. Ihr seht, ich bin alles andre als faul!

Ich muß fürchten, daß die gegenwärtige Pest den Fortgang der Vorlesungen unterbricht. Diese hat bei zwei bis drei Menschen – alles in allem, nicht täglich – hinweggerafft … Kurz, die Pest ist da und beginnt unerwartet genug ihr rohes Handwerk, zumal gegen die Jugend. Ihr ratet mir und dem Magister Bartholomäus, mit Euch vor ihr zu fliehen. Aber wozu. Ich hoffe, daß die Welt nicht zusammenstürzt, wenn auch Frater Martinus dahinsinkt.«

Jeder soll sich und seine toten Angehörigen vom Fegefeuer freikaufen können. Das Geschäft mit der Angst blüht. Vorm Fegefeuer soll man sich selber, und dazu auch noch seine toten Angehörigen, freikaufen können. Tetzel treibt das Geld im Auftrage des (hochverschuldeten) Mainzer Kurfürsten und Kardinals Albrecht und des römischen Papstes ein (und Jakob Fugger will sein Geld zurück, mit Zins und Zinseszins).

Die Kirche predigt nicht die innere Reue und Buße als Umkehr des ganzen Menschen, nicht Sinneswandel und Bewußtseinsänderung, sondern fordert materielle Bußleistung, bietet ein Geschäft mit dem Jenseits an. Ein gutes Werk für den sakralen Prachtbau, den Petersdom in Rom, tun!

Auch Kurfürst Friedrich der Weise hat in der Schloßkirche »Allerheiligen« 1743 Reliquien, unter ihnen die Wiege des Jesuskindes, Dornen der Krone und Nägel vom Kreuz, angesammelt, die ihm einen »Ablaß« von etwa 130 000 Jahren einbringen. In seiner »Turmstube«, einem engen Studierraum im Obergeschoß des Klosters, hat der Augustinereremit in Jahren inneren Ringens eine Entdeckung gemacht: Die Gerechtigkeit Gottes ist keine Forderung *an* den Menschen, sondern eine Mitgift *für* den Menschen. Nur das Vertrauen darauf macht das Heil in demselben Maße gewiß, wie es von Angst befreit. Zuspruch geht vor Anspruch, Geliebtwerden vor Lieben, das mir zugewandte Gute vor den Anforderungen des Guten. Prinzipiell. Existentiell. Deshalb: Vertrauen *in* Gott vor dem Gehorsam *gegen* Gott. Das wird ihn sein Leben lang beschäftigen.

Nur wer eine Vorstellung davon hat, wie mit »metaphysischer Angst« reale Macht ausgeübt und Menschen mit moralisch-religiösen Forderungen sich quälten und gequält wurden, kann ermessen, welche existentielle Befreiung das »Turmerlebnis« während einer Beschäftigung mit dem Apostel Paulus ihm bedeutet – da er »auff der cloaca auff dem thorm« eine innere Ruhe und Gewißheit gewinnt, die ihm nur ein liebender Gott hat schenken können. Gott rettet nicht den »Heiligen«, sondern den »Sünder«, der zu seiner Schuld steht und »zu ihm schreit«. Das Paradoxe ist das Wahre. Simul justus et peccator – der Mensch ist immer Gerechtfertigter und Sünder zugleich. Wir leben *schon* in der neuen und *noch* in der alten Welt.

Das alles steckt hinter dem »heiligen Zorn«, der Luther 1517 gegen den Ablaß packt, gegen eine Kirche, die sich einerseits mit dem Wuchersystem verbündet und andererseits Gott selbst zu einem Schacherer macht, bei dem jeder mit Geld seine Schuld wie Geldschulden abtragen kann. Das Ablaßwesen und der äußere Pomp der Kirche sind ihm ein Greuel. Der wahre Schatz der Kirche seien die Armen, nicht der Reichtum – und das ganze Leben sei eine Umkehr (= Buße), ruft er den rattenfängerischen Ablaßhändlern entgegen. Über Nacht wird der Mann aus dem Provinznest Wittenberg europaweit bekannt und in den großen Streit hineingerissen. Er stellt sich ihm mit frischem Mut und erduldet Anfechtungen.

»Hätte ich am Anfang gewußt, da ich anfing zu schreiben, das ich jetzt erfahren und gesehen habe (nämlich, daß die Leute Gottes Wort so feind wären und setzten sich so heftig dawider), so hätte ich fürwahr stille geschwiegen; denn ich wäre nimmermehr so kühn gewesen, daß ich den Papst und schier alle Menschen hätte angegriffen und sie erzürnt. Ich meinte, sie sündigten nur aus Unwissenheit und menschlichen Gebrechen und unterstünden sich nicht, vorsätzlich Gottes Wort zu unterdrücken; aber Gott hat mich hinangeführt wie einen Gaul, dem die Augen geblendet sind, daß er die nicht sehe, so zu ihm zurennen.

Denn da ich anfing zu predigen und zu schreiben, verachtete mich der Papst. Denn er gedachte: Es ist ein einzelner Mann, ein armer Mönch usw. Hab ich doch diese Lehre verteidigt vor vielen Königen und Kaisern, Fürsten und Herrn, was sollt denn nun ein einzelner Mann tun? Hätte er aber mein geachtet, so hätte er mich bald am Anfang konnt ausrotten und dämpfen.«

Die mächtigen Institutionen unterschätzen diesen kleinen Wicht, diese kleine Gruppe, die sich dort in Wittenberg bildet. Sie fühlen sich sicher und ihrer Wahrheit gewiß, weil sicher ihrer Macht, können sie doch Angst nach Belieben ausstreuen. Luther wird vorgeworfen, es gehe ihm nur um seinen Ruhm und seine Ehre. Dazu schreibt er im August 1520 an Wenzeslaus Link: »Ich will mit meinen Büchern und Flugschriften nicht Ruhm und Ehre einheimsen. Fast jedermann verurteilt an mir meine Heftigkeit, aber ich meine wie Ihr, daß Gott vielleicht eben damit die Lügen der Menschen aufdecken will. Denn was in unsrer Zeit mit Ruhe behandelt wird, das sehe ich bald in Vergessenheit geraten, ohne daß jemand sein achtet ...

Wer kann sagen, ob mich nicht der Geist mit seinem Ungestüm vorwärts treibt, da ich doch gewißlich nicht aus Gier nach Ehre oder Gut noch nach Beifall so handle. Aber ich suche Rache? Vielleicht; der Herr verzeihe mirs; denn auch damit gehe ich nicht darauf aus, einen Aufruhr zu erregen, sondern einem allgemeinen Konzil seine Freiheit zu erfechten.«

Den Hals hinhalten

In bleierner Zeit muß man schon kräftig reden und sich aller erwehren, die einem den Mund verbieten wollen, und sei es mit persönlichen Attacken. In sein Tagebuch vermerkt Willy Brandt 1988 ein Wort Luthers von 1533: »Wenn der Teufel der Lehre nichts anhaben kann, so legt er sich wider die Person, lügt, schmäht, flucht und tobt wider dieselbe.«

Luthers Ziel ist das Konzil der Christenheit, das auf der Grundlage der Bibel entscheiden soll. Kaum hat er seine Thesen veröffentlicht, wird er vom humanistisch gebildeten, papsttreuen Johannes Eck schon als giftiger Böhme, Ketzer und Aufrührer, als dreister und leichtfertiger Mensch

13 Luther-Rose

verschrieen. Für Luther sind dies nichts als schmutzige Schimpfereien; Ecks Buch gegen ihn sei »voll blassen, gelben, wütenden Neides und Hasses …

Was mich anbetrifft, so gehe ich um so viel weiter, je mehr die Feinde toben; ich lasse das eine hinter mir, und sie mögen es anbellen; ich verfolge neue Fragen, damit sie dann auch diese anschreien! Fahrt mit Erfolg fort und betet nur zum Herrn, daß er selber seines Namens Ehre wirkt und daß sein Wille geschehe.«

Der Widerstand macht ihn mutiger, schärfer, zuversichtlicher. Er lädt zu einer Disputation ein. Das bedeutet aber, wie er 1518 an seinen Ordensoberen Johann Staupitz nach Erfurt schreibt: »Die ganze Welt mir auf den Hals gehetzt, soweit das durch diese Eiferer für das liebe Geld (leider nicht Eiferer für die Seelen) gemacht werden konnte.

Zu meinem Unglück trete ich jetzt an die Öffentlichkeit; ich, der ich immer glücklich in meinem Winkel gewesen bin; der ich es vorziehe, Zuschauer zu sein bei dem Spiel, das die feinsten Geister in unserem Jahrhundert üben, als daß mir zugeschaut wird – und ich ausgelacht werde …«

Da taucht es auf: dieses unerbittliche Muß. Er, der eigentlich lieber schweigen und zurückgezogen in der Heiligen Schrift forschen und sein Wissen in Vorlesungen an Studierende weitergeben würde, kann nicht anders als sich empören, wenn die Wahrheit verachtet, wenn der Machtmißbrauch alltäglich und die Lehranmaßungen des Papstes samt allem Protz und Prunk, die dem Evangelium widersprechen, unerträglich werden. »Im Stillesein und Hoffen ist eure Stärke.« Dieses Zitat aus dem Buch Jesaja hat Cranach über eines seiner Porträts geschrieben. Und dieses Wort umgibt auch in Stein gemeißelt die Luther-Rose am Portal seines Wohn- und Arbeitshauses im alten Schwarzen Kloster in Wittenberg.

Im prächtig gestalteten Eingang (dem sogenannten Katharinenportal) zum Wohnhaus der Familie Luther, das auch Vorlesungsräume und Wohnräume für Studenten bot, findet sich auf der einen Seite das Konterfei Martin Luthers, auf der gegenüberliegenden sein Wappen mit der Umschrift »VIVIT« – »Er (Jesus Christus) lebt.«

Seite 31

14 Katharinenportal, Schwarzes Kloster

Den Hals hinhalten 31

Luther schreibt 1530 in einem Brief, er wolle sein Wappen (Petschaft) als ein Merkzeichen seiner Theologie verstanden wissen. »Das erste sollte ein Kreuz sein, schwarz im Herzen, das seine natürliche Farbe hätte, damit ich mir selbst in Erinnerung gäbe, daß der Glaube an den Gekreuzigten uns selig macht. Denn so man von Herzen glaubt, wird man gerecht … Solch Herz soll mitten in einer weißen Rose stehen, anzeigen, daß der Glaube Freude, Trost und Friede gibt … darum soll die Rose weiß und nicht rot sein; denn weiße Farbe ist der Geister und aller Engel Farbe. Solche Rose steht im himmelfarbenen Feld, daß solche Freude im Geist und Glauben ein Anfang ist der himmlischen Freude zukünftig … Und um solch Feld einen goldenen Ring, daß solche Seligkeit im Himmel ewig währet und kein Ende hat und auch köstlich über alle Freude und Güter, wie das Gold das edelste, köstlichste Erz ist.«

Das ist der Kern seiner ganzen Theologie wie auch seiner Lebensauffassung. Schon bei der ersten Disputation 1518 in Heidelberg stellt Luther den »Theologen des Kreuzes« dem »Theologen der Herrlichkeit« gegenüber. Dem teuren Rat seines Kurfürsten Friedrich des Weisen kann er nicht gehorsam folgen und »alle Wege stille stehen, weil auch sie – die Gegner – nicht stille stehen«. Statt dessen bittet er (März 1519) den Kurfürsten »gar untertäniglich, wolle mir's nicht verübeln, zumal ich's auch im Gewissen nicht weiß zu ertragen, die Wahrheit loszulassen«.

Er kann nicht anders, als selbst den hohen Herren frisch, frei und »fröhlich zu widersprechen«. Das tut er, weil er überzeugt ist, daß »derselbige Gott noch lebet, da zweifle nur niemand daran … E. K. F. G. denken nur nicht, daß Luther tot sei. Er wird auf den Gott, der den Papst gedemütigt hat, so frei und fröhlich pochen, und ein Spiel mit dem Kardinal von Mainz anfangen, dessen sich nicht viele verstehen. Tut, liebe Bischöfe, (euch) nur zusammen, Junker (weltliche Herren) möget ihr bleiben, diesen Geist sollt ihr nicht zum Schweigen bringen, noch betäuben.« (Auf der Wartburg am 1. Dezember 1521 an den Kardinal Erzbischof Albrecht von Mainz.) Mit mehr Selbstbewußtsein als Luther spricht wohl keiner: »Ich lasse nicht mit mir spaßen, man muß anders davon singen und hören.« Luther redet den Kardinal nicht als Kardinal, sondern als Kurfürsten an und erweist ihm als solchem zum Schluß die Reverenz. »Gegeben in meiner Wüste, Sonntag nach dem Tag Caterine 1521.

Euer kurfürstlicher gnadenwilliger und untertäniger Martinus Luther.«

Im April 1518 kommt es zu einer theologischen Auseinandersetzung vor der Ordenskongregation in Heidelberg. Luther genießt den äußeren Schutz zweier Kurfürsten.

Sein Name sei von den Päpstlichen »aufs Ärgste stinkend gemacht« worden, schreibt er im Mai 1518 an Leo X. Der Papst wiederum teilt Kardinal Cajetan verärgert mit, daß »dieser Martin unter Mißbrauch Unserer Güte immer frecher geworden ist«. Widerrufen soll er – oder gefangengesetzt und zum Ketzerprozeß nach Rom gebracht werden.

Luther gerät in diplomatische Ränke zwischen Papst, Kaiser und Kurfürsten, und dies ist sein Glück. Im Anschluß an den Reichstag in Augsburg wird er vor den päpstlichen Legaten Cajetan beordert und im Oktober 1518 drei Tage verhört. Nicht mehr diskutiert, nicht mehr gefackelt wird da, sondern ein Ultimatum gestellt. Cajetan bricht ein Rededuell barsch ab: »Geht! Entweder widerruft oder erscheint nicht wieder.« Luther schreibt daraufhin einen versöhnlichen Brief, wartet aber vergeblich auf Antwort. Schließlich ergreift er die Flucht, und just am 31. Oktober 1518 erreicht er, begleitet und beschützt von einem Augsburger Reichsdiener, Wittenberg. Welch ein Jahr!

Luther beharrt auf der Einberufung eines Konzils. Während Rom abblockt und weiter droht, wird er seiner Sache immer (gottes)gewisser und fühlt sich hineingerissen in den Kampf. In innerem Aufruhr schreibt er Schrift um Schrift (1519 sind es 32 dichtgefügte Texte). »Das nenne ich nicht mehr bloß Führung Gottes; Gott reißt mich fort und treibt mich vorwärts; mein Tun ist nicht mehr in meiner Gewalt; ich sehne mich nach Ruhe und werde mitten hinein in Kampf und Streit getrieben. Ihr aber betet für mich«, schreibt er an seinen geistlichen Vater Staupitz.

Im Juni 1519 kommt es zu einer weiteren brisanten öffentlichen Disputation in Leipzig, wo Andreas Karlstadt und Luther die Wittenberger Theologie gegenüber dem Ingolstädter Professor Johannes Eck vertreten, der kompromißlos, nichtsdestoweniger aber elegant und

15 Legat Aleander
(Jonathan Firth)
verbrennt Luthers
Traktat »Von der
freyheyt eynes
Christenmenschen«.

scharfsinnig für die römische Kirchenlehre ficht. Endlich geht es einmal um die Sache! Tetzel stirbt in Leipzig am Eröffnungstage der Disputation – Luther hat dem Kranken noch tröstend geschrieben: Er wußte immer zwischen Person und Sache zu unterscheiden. Wenn ein Feind krank ist, so ist nicht ein Feind krank, sondern ein Mensch!

Gleich nach Abschluß des Rededuells fährt Eck nach Rom, wo er den Text der Bannandrohungsbulle zusammenstellt. So agieren diejenigen, denen es um nichts als ihre Macht geht.

Diverse Universitäten werden um Gutachten gebeten; Erfurt und Paris verweigern sich, während Löwen, Lüttich, Köln und Mainz im Oktober/November 1520 Luthers Schriften dem Feuer übergeben.

Die Brandbulle im Freudenfeuer

Am 10. Dezember 1520 verbrennt Luther in einem souveränen Akt der Befreiung am Elstertor vor Wittenberg das ganze kanonische Recht und das Schriftstück, das ihn persönlich bedroht, die Bannandrohungsbulle des Papstes Leo X.

»Es geziemt dem römischen Papst, den Haushalter der geistlichen und zeitlichen Strafen, wider die Rottengeister, die den ungenähten Rock unseres Heilandes (Bild für die Kirche) und die Einigkeit des Glaubens zerreißen bemüht sind, Ernst zu gebrauchen und durch Schärfung der Strafen dahin zu wirken, daß solche Verräter nicht weiter durch listige Ränke das arme Volk betrügen und mit sich in einerlei Irrtum und Verderben stürzen …

Da nun, wie wir zu großer Betrübnis und Bestürzung unseres Herzens vernommen, Martinus als ein Mensch, der in verkehrtem Sinn dahingegeben ist, seine Irrtümer nicht in der ihm gesetzten Frist widerrufen hat, sondern als ein Fels des Ärgernisses immer noch ärger als vorhin wider uns und diesen heiligen Stuhl und den katholischen Glauben zu schreiben und zu predigen und so andere zu verleiten sich nicht entblödet hat, so ist er öffentlich zu einem Ketzer geworden, und ist billigerweise als Ketzer anzusehen, und alle Christgläubigen sollten ihn fliehen und meiden, wie der Apostel sagt.«

Auch würden alle persönlich belangt, die Luther irgendwie beschirmen, hegen oder unterstützen oder gar ihm Rat und Hilfe zuteil werden lassen. Sie alle würden selber gebannte und verfluchte Leute sein, die des ewigen Fluches schuldig seien. Und alle, die ihm irgendwie anhängen, würden »aller Ehren Würden und Güter verlustig sein«. »Und damit nicht das räudige Vieh die übrige Herde anstecke und so auch andere Teile ins Verderben geraten, so befehlen wir, daß überall … eben selbiger Martinus und alle seine Anhänger als genannte und verfluchte Ketzer durch die bei der gleichen Handlung üblichen Zeremonien öffentlich angezeigt und bekannt gegeben werden …!«

Alle Rechtgläubigen werden also zur Denunziation, zum Verrat und

Überantworten aufgefordert; und die Priester und Oberpriester dazu, unaufhörlich zu schreien, »die Stimme zu erheben und das Wort Gottes und die Wahrheit des katholischen Glaubens wider obige verdammte und ketzerische Artikel zu predigen und predigen zu lassen«.

Und was wird ihnen versprochen? Daß sie bei dem »päpstlichen Stuhl wegen ihres rühmlichen Fleißes reiches Lob ernten werden«.

Dieser Bann ist bis heute nicht öffentlich und förmlich zurückgenommen worden. Rom ließ nur erklären, dies könne heute nicht mehr so gesehen werden. Der Papst und die Konzilien können doch nicht irren – sagen Papst und Konzilien.

Die Bücherverbrennung ist in der deutschen Geschichte hernach ein problematisches Fanal geworden, während dies für Luther seinerzeit etwas durchaus Übliches ist: Er verbrennt die Schrift, in der ihm seine eigene Verbrennung angedroht wird. Er tut es unter dem Jubel der Studenten. Ein einzelner Mönch fordert die Weltkirche heraus. Luthers spektakuläre Aktion ist aber zugleich souveräne Reaktion auf das Verbrennen seiner

Bücher nach der Bekanntgabe der Bulle. Gleichwohl entspricht es nicht seiner Art. Brennen für eine Sache ist etwas anderes als Verbrennen von Sachen oder gar von Menschen. Lodern soll der Geist Gottes – Pfingst-flammen – und »wo der Geist Gottes ist, da ist Freiheit« (2. Kor. 3, 17).

Reformschriften des Jahres 1520

Eine Schrift Luthers folgt nun der anderen, und diese finden in Windeseile Verbreitung. Geschrieben sind sie gegen den Wucher, gegen die Gelübde, gegen die »babylonische Gefangenschaft« der Kirche, für die Freiheit eines Christenmenschen, für eine Reform des geistlichen, des politischen und wirtschaftlichen Lebens in Deutschland. Seine große Reformschrift an den »Christlichen Adel Deutscher Nation von des christlichen Standes Besserung« enthält ein umfassendes Kirchen- und Gesellschafts-Umgestaltungsprogramm, das sich auf die Bibel bezieht und die Beschwerden aller deutschen Stände aufgreift.

Sie ist ein einziger Aufschrei aus einem Land im Reformstau. Ein Einzelner erkühnt sich, setzt sich die Narrenkappe auf und sagt, wie die Dinge liegen. Da von der römischen Kirche und ihrem papsttreuen Führungspersonal nicht mehr viel zu erwarten ist – vor allem nicht das von Luther geforderte Reformkonzil –, richtet er all seine Hoffnungen auf den jungen Kaiser Karl V. und auf die deutschen Fürsten und Stände, ja auf das Volk insgesamt. Die weltliche Macht muß gewissermaßen ein-springen, wenn die geistliche versagt, zumal alle getaufte Christen, also (mit-)verantwortlich für ein gedeihliches Zusammenleben sind. Vor allem bestreitet Luther die Legitimation des Papstamtes: Daß der Papst nicht irren könne, allein zur richtigen Auslegung der Schrift befähigt sei, von Petrus die Schlüsselgewalt habe, die sich auf seine Lehr- und Weltmacht erstrecke – dies alles sei aus der Schrift in keiner Weise begründbar. Vielmehr sei dies alles Sache der ganzen Christengemeinde, der »Christen unter uns, die rechten Glauben, Geist, Verstehen, Wort und Meinung Christi haben«.

Zudem sei es absurd, den Priestern, Bischöfen etc. eine höhere Weihe und Würde zuzugestehen als einem ganz normalen, getauften Christen. »Was aus der Taufe gekrochen ist, das mag sich rühmen, daß es schon zum Priester, Bischof, Papst geweiht sei, obwohl nicht einem jeglichen ziemt, ein solches Amt zu üben.«

Der Priesterstand in der Christenheit ist nach Luther nichts anderes als das Amt eines Amtmanns. Wer abgesetzt werde, sei wieder ein ganz normaler Bürger oder Bauer. Es gebe keinen besonderen geistlichen Stand, der über die anderen erhöht sei. Christus allein sei der Herr. »Wir alle sind ein Körper des Hauptes Jesu Christi, ein jeglicher des anderen Gliedmaß.« Luther proklamiert das Priestertum aller Gläubigen und das Recht und die Pflicht der Gemeinde, über die richtige Lehre selber zu urteilen. Zugespitzt gesagt: Zur Auslegung, die ein gewählter Prediger in der Gemeinde gegeben habe, solle jeder sein Amen sagen oder nicht sagen! Dazu bedürfe es der umfassenden Bildung aller in der Gemeinde. Die deutschen edlen Fürsten und Herren sollten das deutsche Land den römischen reißenden Wölfen nicht frei überlassen. Aber die deutschen Bischöfe säßen »wie die Nullen da und alle Dinge regieren die Hauptbuben in Rom«.

Nun aber sei es an der Zeit, dem Papst klarzumachen, daß er nicht Statthalter Christi im Himmel sei; *Christus* sehe, tue, wisse und vermöge alle Dinge. »Aber er bedarf seiner in Gestalt des Dienenden, wie er auf Erden ging, im Abmühen, Predigen, Leiden und Sterben.«

Die Papisten aber kehrten dies um. Derjenige, der zum Dienen da sei, werde so zum Herrschenden! Ein offensichtliches Beispiel sei das Füßeküssen des Papstes. »Es sollte auch das Füßeküssen des Papstes nicht mehr geschehen. Es ist ein unchristliches, ja antichristliches Vorbild, wenn ein armer sündiger Mensch sich seine Füße küssen läßt von dem, der hundertmal besser ist als er. Christus wusch seinen Jüngern die Füße und trocknete sie und die Jünger wuschen sie ihm doch nie. Der Papst, weil höher als Christus, kehrt das um und läßt es eine große Gnade sein, ihm seine Füße küssen zu dürfen.«

So werde er quasi zu einem Halbgott und kehre die Lehre Christi völlig um. »Aber unsere Schmeichler haben's so weit gebracht und uns einen

Abgott gemacht, daß niemand sich so vor Gott fürchtet, niemand ihn mit solchem Gebaren ehrt wie den Papst.« Gegen diesen gotteslästerlichen Mißbrauch müsse die gesamte Christenheit einschreiten.

Sodann kommt Luther zu den politischen und sozialen Fragen, die das ganze Land bewegen: die Versorgung der Armen und Kranken, der Wucher und das Kreditwesen, die Schulen und das Bildungssystem nach einer Auflösung der geistlichen Güter, der Bettelorden und der Klöster.

Luther entwirft in seiner Schrift die Grundzüge der Trennung von geistlicher und weltlicher Macht und wird dadurch zu einem Begründer der Moderne, die sich in der Aufklärung fortsetzt und jedem theokratischen Gebaren mit Bevormundung des weltlichen Zusammenlebens durch geistliche Macht widerspricht.

Statt die angesprochenen Probleme wenigstens zu bereden, wird Luther vorgeladen. Widerrufen soll er. Er denkt nicht daran.

In seiner Person bündelt sich der Widerstand des ganzen Volkes, der kleinen Leute in den Städten, der armen Bauern auf den Dörfern, des aufstrebenden Bürgertums besonders in den großen »freien« Reichsstädten, des aufbegehrenden Kleinadels in deutschen Landen samt der Fürsten, die Freiheit von der Zentralgewalt wünschen.

Worms: Durchhalten und Durchkommen

Das Verhör vor dem Reichstag in Worms im April 1521 wird die Schlüsselszene seines Lebens: standhaft geblieben zu sein, ohne jede heldische Pose, gedanklich klar und seiner Sache gewiss – ohne rechthaberische Attütiden. Da geht einer hin und hält seinen Hals hin, da hält einer daran fest, daß es im Zweifelsfalle darum geht, Gott mehr zu gehorchen als den Menschen. Und doch hat er Angst. Getragen wird er von beständiger Bibellektüre, von der Zustimmung seiner Anhänger unterwegs und von der inneren Gewißheit, die Wahrheit gefunden zu haben. (Er hat allerdings auch »weltliche« Beschützer!) Hier geht es um alles.

17 Luthers Ankunft
in Worms

Allerdings versteht einer der Hauptakteure, der junge spanische Kaiser Karl V. zu jener Zeit kaum, woran Luther gelegen ist (zumal er kein Wort Deutsch konnte), doch dies hat ihn auch nicht interessiert. Daß es um seine Macht ging, begreift er. Nur die deutschen Querelen will er sich vom Leibe schaffen, ohne die mächtigen Landesfürsten zu verprellen und einen Aufruhr des deutschen Volkes anzustacheln. Ruhe soll dieser Mönch geben. Die Kulisse wird ihn schon einschüchtern, denken die weltlichen und geistlichen Herrscher. Der geschmeidige päpstliche Legat Aleander zieht geschickt die Fäden. Bloß keinerlei Diskussion in der Sache, die ist bereits abgeschlossen. Rom hat längst entschieden: Ketzerei. Es gilt, den Ketzer zu brechen, er muß widerrufen, andernfalls wird man ihn verbrennen.

Indes steht der Kaiser zunächst im Wort: freies Geleit. Hin und zurück. Er jedenfalls will sein Versprechen halten, anders als in Konstanz. Dieses Vertrauensbruchs sollte man sich noch nach hundert Jahren erinnern. Der von Gottes Gnaden erwählte römische Kaiser, zu allen Zeiten Mehrer des Reiches, hat in seiner Vorladung vor den Reichstag zu Worms am 6. März 1521 einen recht artigen Brief an Luther geschrieben:

»Ehrsamer, Lieber, Andächtiger.

Nachdem wir und des heiligen Reiches Stände, jetzt hier versammelt, uns vorgenommen und entschlossen haben, der Lehren und Bücher halber, so in der letzten Zeit von dir ausgegangen sind, Erkundigung von dir zu empfangen, haben wir dir, hierin zu kommen und von hier wiederum in dein sicheres Gewahrsam, unser und des Reiches frei, strenge Sicherheit und Geleit gegeben, das wir dir hierbei zusenden; mit dem Begehren, du wollest dich alsbald aufmachen, also daß du in den einundzwanzig Tagen, zu solchem unserem Geleit bestimmt, gewißlich hier bei uns seiest und nicht ausbleibst, dich auch keines Gewalts und Unrechts besorgst. Dann wir dich bei dem obgemeldeten unseren Geleit festiglich handhaben wollen, uns auch auf solch deine Ankunft verlassen; und du tust darin unser ernstlich Meinung.«

Der Kaiser hat sich gebunden und schickt ihm den Reichsherold Caspar Sturm. Unterwegs spricht Luther anderen – zugleich aber auch sich selbst – Mut zu. So predigt er: »Es muß alles daran gewagt werden. Man darf sich nicht fürchten vor Gewalt oder Reichtum, sondern muß den Mund auftun. Denn wer die Ehre oder das Geld lieb hat, der führt das Predigeramt nicht mit Recht. Man muß den Hals drangeben und muß allein Christus lieb haben.« (10. März 1521)

An Georg Spalatin schreibt er vor seiner Abreise aus Wittenberg am 19. März: »Ich werde nicht fliehen noch das Wort jetzt im Kampf in Stich lassen, sofern mir Christus gnädig beisteht. Ich bin dessen ganz gewiß, jene Bluthunde werden nicht eher ruhen, bis sie mich hingerichtet haben.«

Am 14. April teilt er dem väterlichen Freund aus Frankfurt mit: »Wir sind endlich hier angekommen, ob auch Satan mich durch mehr als eine Erkrankung aufzuhalten bemüht gewesen ist. Denn auf der ganzen Fahrt von Eisenach bis hierhin war ich unpäßlich und bin es noch, so wie ich es bisher nicht gekannt habe. – Man hat auch, wie ich deutlich sehe, um mich zu schrecken, gerade jetzt das kaiserliche Mandat veröffentlichen lassen. Aber Christus lebt, und wir werden nach Worms kommen, auch

wenn alle Pforten der Hölle und alle bösen Geister unter dem Himmel sich dagegen stemmten.« Was Luther auf dieser Reise widerfahren ist, nennen wir heute psychosomatische Erkrankungen. Die Ereignisse gehen ihm sehr nahe, obwohl er von sich sagt, er habe einen hochgemuten und unerschrockenen Geist, und obgleich er seinen Gegnern wünscht, sie möchten mit ihren gehässigen Augen nur seinen täglichen fröhlichen Mut sehen. Sie hätten auch seine ganze Verzagtheit sehen können …

In Worms betet Luther: »Stehe mir bei, du treuer ewiger Gott! ich verlasse mich auf keinen Menschen: es ist umsonst und vergebens; es hinkt alles, was fleischlich ist und was nach Fleisch schmeckt. O Gott, Gott, o Gott; hörst du nicht, mein Gott? Bist du tot? …

Ei, Gott, so stehe mir bei, in dem Namen deines lieben Sohnes Jesu Christi, der mein Schutz und Schirm sein soll, ja meine feste Burg, in Kraft und Stärkung deines heiligen Geistes! Herr, wo bleibst du? Du mein Gott, wo bist du? Komm, komm, ich bin bereit, auch mein Leben darauf zu lassen.« So flehentlich wendet er sich an Gott und ist im Innersten ver-

zagt. Dann wieder weiß er sehr genau: »Ich werde auch nicht ein Tüttelchen widerrufen, so mir nur der Herr Christus gnädig ist.«

Bei Luthers Ankunft in Worms vermerkt der päpstliche Legat Aleander boshaft: »Ich vermute, es wird bald von ihm heißen, er tue Wunder. Dieser Luther, als er vom Wagen stieg, blickte mit seinen dämonischen Augen im Kreis umher und sagte: ›Gott wird mit mir sein.‹«

Der Bedrängte weigert sich – gelassen und gewissensgetröstet – zu widerrufen. Der Papst wirft ihn in Acht und Bann. Aber Karl V. nimmt diplomatische Rücksicht auf Friedrich den Weisen. Sonst hätte Luther wohl das Schicksal jenes Böhmen anno 1415 ereilt. Luther fühlt sich Jan Hus verbunden und sieht sich als »den Schwan von Wittenberg«, der auf Hus (deutsch: Gans) folgt, den man nicht mehr braten kann.

Kaum hat Luther Worms verlassen, arbeiten die Instanzen schon am Wormser Edikt (8. Mai 1521). Dieses nennt ihn »einen verstockten Zertrenner und offenbaren Ketzer«, der nach Ablauf des ihm gewährten Geleites – am 14. Mai 1521 – vogelfrei sei. »Jeder, der ihn häust, höft,

19 Johann von der Ecken (Christopher Buchholz) führt das Verhör.

speist, tränkt, ihm mit Worten und Werken, heimlich oder öffentlich, irgendwelche Hilfe, Anhang, Beistand oder Vorschub leistet, wird an Leib und Leben bedroht. Alle seien aufgefordert, seine Anhänger und Gönner und Nachfolger niederzuwerfen, zu fangen und sie ihrer Güter zu berauben und zu einem eigenen Nutzen zu wenden und zu behalten. Alle seine Schriften sind auf dem Index, und jeder der sie kauft, verkauft, liest, behält, abschreibt oder drucken läßt, diese vergifteten Schriften, jeder, der solche Bücher, Schriften und Malereien findet, soll sie wegnehmen, zerreißen, mit Feuer verbrennen, und all denen, bei denen sie sie finden, kann man Leib, Güter und Rechte wegnehmen und sie behalten.« Und »nach eurem Gutdünken daran handeln, ohne daß ihr dessen euch zu verantworten schuldig seid«.

So werden Andersdenkende der allgemeinen Willkür ausgeliefert. Das ist – damals wie heute – die Art der katholischen Kirche, mit Abweichlern umzugehen, wenngleich in unseren Tagen die Strafmaßnahmen des 16. Jahrhunderts nicht mehr zur Verfügung stehen. Trotz des Ediktes werden Luthers Schriften weiter verbreitet und gelesen.

Schöpferischer Zwischenhalt auf der Wartburg

Auch wenn Luther auf viel Zustimmung trifft – letztlich ist er ganz allein, muß ganz allein durch alles hindurch. Er besteht, weil er seiner Sache vor Gott gewiß ist. So kann er seiner Sache auch vor den Menschen gewiß sein. Er ist nur bereit, sich durch Argumente aus der Schrift umstimmen zu lassen. Niemals aber *wollte* und *könnte* er sich dem Argument der Macht beugen. Die Macht jedoch will nicht diskutieren, sondern ihn brechen: Widerruf! Oder Vollstreckung des Banns! Luther bleibt standhaft. Mit einem kleinen Aufschub durch versprochenes (und gehaltenes!) freies Geleit kehrt er in kursächsisches Gebiet zurück. Er stimmt einem vorsorglichen Kidnapping zu. Auf der Wartburg wird er versteckt, vom Mai 1521 bis zum März 1522. Der Mönch wird Junker Jörg und soll leben wie ein Junker dort. Der spartanisch zu leben gewohnte Leib verweigert sich fürstlichen Speisegewohnheiten, sein Leben lang leidet er an Verdauungsproblemen sowie an Gicht, Nieren- und Blasenkrankheiten.

21 Luther als Junker Jörg auf der Wartburg beim Übersetzen des Neuen Testaments

In seiner Zwangsklausur übersetzt er in nur elf Wochen das Neue Testament – gedrängt von und ermutigt durch Melanchthon – ins Deutsche. (Im September 1522 wird es als »Septembertestament« gedruckt. Die Johannesapokalypse ist mit einundzwanzig Holzschnitten aus Cranachs Werkstatt versehen worden. Die Übersetzung findet reißenden Absatz.) In einer Vorrede dazu schreibt Luther: »Ja wo der Glaube ist, kann er sich nicht halten, er beweiset sich, bricht heraus durch gute Werk, bekennet und lehret solch Evangelium vor den Leuten und waget sein Leben dran. Und alles, was er lebet und tut, das richtet er zu des Nächsten Nutz … Wo die Werk und Liebe nicht herausbricht, da ist der Glaube nicht recht, da haftet das Evangelium noch nicht, und ist Christus noch nicht recht erkannt.«

Wieder und wieder bekommt er es mit dem Teufel zu tun, dem verwirrenden Tausendkünstler, der ihn in Anfechtungen und elementare Selbstzweifel verstrickt und in Traurigkeiten stürzt. Aber er wirft eben nicht nach ihm – er schreibt gegen ihn an, damit dieser sich trolle.

Heimlich besucht Luther im Dezember 1521 Wittenberg. Was dort in seiner Abwesenheit geschehen ist, beunruhigt ihn aufs äußerste.

Die neue Freiheit läßt sich nicht mit Gewalt einführen

Sein Reformwerk droht durch Radikale regelrecht kaputtgeschlagen zu werden. Als diese mit Äxten und Zwang »das neue System« einführen wollen, reitet Luther von Eisenach nach Wittenberg, steigt am Sonntag Invokavit 1522 auf die Kanzel und vertraut wieder dem Wort, das allein zur Wahrheit solle führen können.

Jetzt müsse der Glaube, der in der Liebe tätig wird, nur mit ganzem Ernst von allen aufgegriffen werden. In einer Gemeinschaft von Mündigen, wo jeder seinen Platz zu aller Wohl *aus*füllt und *er*füllt: die Kirche in geistlichen Dingen, die Obrigkeit in weltlichen Dingen und jeder Einzelne in seinem Beruf.

(In der Praxis gab es allerdings Predigtverbote und Buchzensur für seine Gegner.)

Der Mensch sei, so Luther, ein von Gott Freigesprochener, ein ohne alle seine Verdienste unbedingt Geliebter, Gewürdigter und Begnadigter. Solche Gnade sei keine Herablassung, sondern Aufrichtung – durch das vor den Augen des Glaubens aufgerichtete Kreuz Jesu Christi. Christus habe für die Menschen alle Schuld auf sich genommen, sei von Gott bestätigt und nicht dem ewigen Tod preisgegeben worden.

Eine »metaphysische Gewißheit« im Rücken, werde der Mensch frei, im Leben seine Aufgaben ganz wahr- und anzunehmen und im Sterben gewiß zu sein, daß die Liebe Gottes ihn auch im Tod umfange. Der Mensch solle aus dieser grundlegenden Freiheit heraus seine Verantwortung für den Nächsten wahrnehmen; ein jeder in seinem Beruf, mit seiner/ihrer Begabung.

Ein freier Herr *und* ein dienstbarer Knecht sei der Christ.

Damit ist alles gesagt, was er hat sagen wollen.

Das erste betrifft den Glauben als ein unbedingtes, freimachendes Lebensvertrauen, das zweite die Liebe zum Menschenbruder. Wie schwierig das im einzelnen zu leben und in Gesetzgebung sowie in neue Institutionen zu überführen ist, hat er schmerzlich erlebt während des Bauernkrieges, wo die hohen Herren sich des Elends der Bauern nicht annehmen und diese sich erheben und das Land in mörderisches Chaos versetzen.

Luther empfindet mit den Armen, macht sich bei den Fürsten zum Fürsprecher der geknechteten Bauern, verdammt aber die schwärmerische Inanspruchnahme Gottes für den gewaltsamen Umsturz durch Thomas Müntzer und dessen Mitstreiter. Thomas Müntzer hat Luther als das »sanftlebende Fleisch zu Wittenberg« verspottet. Er hat sich an die Spitze der aufrührerischen Bauern gestellt, um Freiheit und Gerechtigkeit nicht nur im Geiste, sondern in der politischen Realität zu erzwingen.

Chaos ist schlimmer als Tyrannei

Luther fordert in seiner »Ermahnung zum Frieden« dazu auf, alle Konflikte auf dem Rechtswege und nicht mit Gewalt auszutragen. Er fürchtet ansonsten unendliches Blutvergießen in Deutschland. Er sieht auf seiten der Fürsten wie der Bauern Unrecht. Tyrannisch, gewalttätig, ausbeuterisch regieren die Herren und hören das Evangelium nicht, unterdrücken und schinden den armen Mann. Der gemeine Mann könne das üppige und hochmütige Leben der Herren nicht länger ertragen. Doch mahnt er die Bauern, sie sollten wissen, daß Aufruhr noch nie ein gutes Ende genommen habe.

Als er die Nachrichten vom Brandschatzen, Morden, Vergewaltigen, vom Tod unzähliger Unschuldiger erhält, schreibt er eine Zorneskaskade »Wider die räuberischen und mörderischen Rotten der Bauern« und macht darin der weltlichen Obrigkeit ein gutes Gewissen, gegen den Aufruhr vorzugehen: »Darum soll hier zerschmettern, erschlagen und stechen, heimlich oder öffentlich, wer immer kann, und bedenken, daß es nichts Giftigeres, Schädlicheres, Teuflischeres geben kann als einen aufrührerischen Menschen. Man muß ihn schlagen, wie man einen tollen Hund totschlagen muß: schlägst du nicht, so schlägt er dich und ein ganzes Land mit dir.«

Diese Erklärung Luthers hat furchtbare Folgen. Danach schwindet seine Popularität im ganzen Land, besonders bei dem unterdrückten Volk, aber auch sein Ansehen bei den Humanisten leidet. In dem »Sendbrief von dem harten Büchlein wider die Bauern« versucht er vergeblich seine Einstellung zu erläutern, um besseres Verständnis zu finden. Er schreibt: »Die wütenden, rasenden, wahnsinnigen Tyrannen aber, die auch nach der Schlacht nicht satt vom Blut werden können und in ihrem ganzen Leben nicht viel nach Christus fragen, habe ich mir nicht vorgenommen zu unterrichten. Denn diesen Bluthunden ist es gleichgültig, ob sie Schuldige oder Unschuldige töten, ob es Gott gefällt oder dem Teufel. Sie tragen das Schwert nur, um ihre Lüste und Mitwillen zu befriedigen. Da lasse ich ihren Meister, den Teufel, führen, wohin er sie führt.«

Inzwischen haben die siegreichen Fürsten einen barbarischen Gegen-schlag gegen die aufrührerischen Bauern und all ihren Anhang, selbst gegen deren Familien begonnen.

Luther hat bis dahin die staatliche Ordnung als solche in Gefahr gese-hen und größtes Unheil durch Chaos befürchtet. Deshalb hat er sich auf die Seite der Fürsten geschlagen. Es können nach seiner Auffassung nicht alle Herren sein, denn »der Esel braucht Schläge, und der Pöbel muß mit Gewalt regiert werden«.

Luther hat stets daran festgehalten, daß Chaos weit schlimmer als eine schlechte Ordnung sei. Bis heute steht er bei vielen als elender Fürsten-knecht in Verruf. Sein Bruch mit dem aufstrebenden, selbstbewußten und auf Unabhängigkeit drängenden Renaissance-Bürgertum und dem Volk, das riesige Erwartungen auf ihn projiziert hat, war zu jener Zeit wohl schon nicht mehr zu kitten.

Dennoch ist die Lutherische Lehre nach 1525 in vielen Städten und Territorien Grundlage bürgerlicher Reformen.

22 Luther ist im Dezember 1521 von der Wartburg nach Wittenberg geritten, wo Unruhen aus-gebrochen sind.

Der Tabubruch – Mönch heiratet Nonne

Im April 1523 sind zwölf Nonnen aus dem Zisterzienserkloster Nimbschen geflohen und haben in Wittenberg Schutz und Hilfe gesucht. Nach und nach sind sie verheiratet worden. Eine besonders selbstbewußte Schwester ist »übriggeblieben«, sie will die Wahl ihres Bräutigams selbst treffen. 1524 setzt sich Luther beim Nürnberger Patriziersohn Hieronymus Baumgärtner für sie – ihr Name ist Katharina – ein: »Übrigens, wenn Du Deine Käthe von Bora halten willst, so beeile dich mit der Tat, ehe sie einem anderen gegeben wird, der bei der Hand ist. Sie hat die Liebe zu Dir noch nicht überwunden. Ich würde mich gewiß freuen, wenn Ihr miteinander verbunden würdet.« Baumgärtner entscheidet sich anders. Auch Luther spürt, daß er nicht aus Holz oder Stein ist, »aber mein Sinn steht nicht nach der Ehe«. Wie es im Mai 1525 zu seinem Sinneswandel kam, schildert er in einer Tischrede 1537: »Wenn ich vor dreizehn Jahren hätte freien wollen, so hätte ich Eva Schönfeldin genommen … Meine Käthe hatte ich dazumal nicht lieb, denn ich hielt sie verdächtig, als wäre

sie stolz und hoffärtig. Aber Gott gefiel es also wohl, der wollte, daß ich mich ihrer erbarmte. Und ist mir, gottlob, wohl geraten, denn ich habe ein fromm, getreu Weib, auf welches sich das Mannes Herz verlassen darf.«

Käthe hat sich *ihn* auserkoren, nicht umgekehrt. Luther wird die Segnungen des Schöpfers bald am eigenen Leibe erfahren, über die er so trefflich und anschaulich reflektiert hat. Am 13. Juni 1525 heiratet er Katharina von Bora. Der öffentliche Kirchgang und die Hochzeitsfeier finden am 27. Juni 1525 statt.

Seine Heirat ist auch ein demonstrativer Akt, ein Wagnis mitten in kriegerischen Zeiten, ein Anlaß zur Freude und zu noch größerer Polemik. Der frühe Vorwurf seiner Gegner kommt wieder auf, die ganze Reformation sei nur wegen der Weiber gemacht worden.

Beim Eheschluß Katharina von Boras mit Martin Luther weiß *sie*, was sie *will*, und *er*, was er *tut*. Sie haben miteinander fünf Kinder. Als die Tochter Magdalena, »mein Töchterlein Lenichen«, 1542 stirbt, bekennt Luther: »Des väterlichen Schmerzes im Herzen bin ich Herr geworden, doch nur, indem ich gegen den Tod murrte und schalt.« Überhaupt ist er ein äußerst mitfühlsamer Seelsorger, wenn andere ein Leid trifft.

Die beiden Eheleute führen ein Familienleben, das für Jahrhunderte in protestantischen Landen prägend werden wird. Für Luther bleiben Ehe und Familie ein göttlicher Stand – mit vorgegebener Rollenzuweisung für Mann und Frau, mit Kindersegen und dem Hausvater als Hauspriester. Die Familie gilt ihm als Kern- und Keimzelle eines (gedeihlichen) Zusammenlebens in Gesellschaft und Kirche.

Er hat es in Wittenberg, in diesem Nest, bis an sein Lebensende ausgehalten. Er wird so verehrt und geliebt wie verachtet und mißachtet. Hier hat er seine Freunde, seine Familie, seine Vertrauten: den feinsinnigen, klugen, diplomatischen Philipp Melanchthon, den so weitläufigen wie geschäftstüchtigen Maler der Reformation Lucas Cranach, das freundschaftliche Scharnier zum Kurfürsten Spalatin, den stets fürsorglichen Arzt Augustin Schurff, seine herz- und herbliebe Frau Käthe, die Gräber seiner verstorbenen Kinder, den Garten gleich hinter dem Haus, den Lehrstuhl im alten Kloster und den Predigtstuhl in der Stadtkirche St. Marien.

Der Reformator und die Reformation
kommen in die Jahre

Luther beginnt nun das Leben auch leiblich zu genießen, er wird schnell dick und ist oft krank. Mehrfach erwartet er seinen Tod. Die Erwartungen an ihn bleiben hoch, höher, als er sie zu erfüllen vermag. Es gilt ein evangelisches Gemeindewesen zu organisieren – ohne ein Organisationszentrum. Welche Ämter soll es künftig geben und welches »Kirchenregiment«, welche Rolle haben die Landesherren zu spielen, wie müssen die Pfarrer ausgebildet, berufen und besoldet werden? Wer soll über die Lehre entscheiden, und wie ist das Priestertum aller Gläubigen zu verstehen, wo das Volk doch auch zum unberechenbaren Plebs werden kann?

Der Streit um die Interpretation des Abendmahls führt 1529 zur Spaltung mit der schweizerisch geprägten Reformation.

1537 werden die Schmalkaldischen Artikel abgefaßt und der Schmalkaldische Bund formiert sich. Die Kriegsgefahr wächst. Die von Luther bestätigte Doppelehe des Kurfürsten Philipp von Hessen schwächt das protestantische Lager. Die Reformation kommt in die Jahre. Die Mächtigen spielen ihr Doppelspiel. Der neue Mensch läßt auf sich warten. Der alte Adam ist stärker. Evangelische Freiheit wird als Lässigkeit mißverstanden oder in neue Zwänge pervertiert.

Luther wird sein Leben lang ein Gebannter bleiben. Zunächst darf er das schützende Territorium Kursachsens nicht verlassen. Beim Versuch, die Kirchenspaltung doch noch zu verhindern und eine gemeinsame Glaubenslehre mit den Römern zu formulieren, hat er der protestantischen Seite eingeschärft, den Römern nicht zu sehr nachzugeben. Von Coburg aus hat er die Verhandlungen in Augsburg dirigiert. 1530 ist die Kirchenspaltung unabwendbar geworden. Dabei hatten die Protestanten und die Römer nur eine Reform im Sinn.

Die sogenannte Confessio Augustana wird zur protestantischen Bekenntnisschrift, auf die bis heute evangelische Pfarrer bei ihrer Ordination »verpflichtet« werden, obwohl inzwischen manches darin überholt ist, wie etwa die Verwerfungen gegen »die Schwärmer«. Besonders problematisch in der politischen Wirkungsgeschichte hat sich aus heutiger Sicht der Artikel 16 erwiesen, wo es heißt:

»Von der Polizei (Staatsordnung) und dem weltlichen Regiment wird gelehrt, daß alle Obrigkeit in der Welt und geordnetes Regiment und Gesetze gute Ordnung sind, die von Gott geschaffen und eingesetzt sind …

Deshalb sind es die Christen schuldig, der Obrigkeit untertan und ihren Geboten und Gesetzen gehorsam zu sein in allem, was ohne Sünde geschehen kann. Wenn aber der Obrigkeit Gebot ohne Sünde nicht befolgt werden kann, soll man Gott mehr gehorchen als den Menschen.«

Bis 1918 war in dieser Tradition ein landesherrliches Kirchenregiment wirksam und der deutsche Kaiser galt als Summus Episcopus. Und so kämpften die deutschen Männer »mit Gott« für Kaiser und Vaterland.

Erst nach 1933 wurde auch lutherisch geprägten Christen die lang überlesene Einschränkung so wichtig, daß sie sich dem Widerstand anschlossen, weil ein Christ im Zweifelsfall, nach gewissenhafter Prüfung »Gott mehr gehorchen soll als den Menschen«. In der Theologischen Erklärung der Bekenntnissynode von Barmen vom Mai 1934 argumentieren die Vertreter der Bekennenden Kirche unter Federführung von Karl Barth ganz und gar christologisch.

Der Staat habe »nach dem Maß menschlicher Einsicht und menschlichen Vermögens unter Androhung und Ausübung von Gewalt für Recht und Frieden zu sorgen«. Die Kirche ihrerseits erkannte dies an und erinnerte zugleich »an Gottes Reich, an Gottes Gebot und Gerechtigkeit und damit an die Verantwortung der Regierenden und Regierten. Sie vertraut und gehorcht der Kraft des Wortes, durch das Gott alle Dinge trägt.«

Luther formuliert den Großen und den Kleinen Katechismus als die für jedermann geltende Summe der evangelischen Glaubenslehre. Seine auf das Wesentliche verdichtete biblische Konzeption ist ganz am Einzelnen und seiner durch niemanden vertretbaren Beziehung zu Gott orientiert: Luther erklärt in seinen beiden Katechismen die Zehn Gebote, das Credo, das Vaterunser und die beiden Sakramente Taufe und

Abendmahl. Das sei das Grundwissen für jeden Christen, das solle jeder verstanden und angenommen haben. In seiner Vorrede schreibt er:

»Diese Predigt ist dazu geordnet und angefangen, dass sie ein Unterricht für die Kinder und Einfältigen sei, darum heißt sie auch von alters her auf griechisch Katechismus, das ist eine Kirchenlehre, die ein jeglicher Christ notwendig wissen soll, so dass, wer solches nicht weiß, nicht könnte unter die Christen gezählt werden. Das Wort Gottes ist nicht wie ein anderes loses Geschwätz, sondern eine Kraft Gottes, ja freilich eine Kraft Gottes, die dem Teufel das gebrannte Leid antut und uns über die Maßen stärkt, tröstet und hilft. Sind wir denn nicht die allerfeinsten Gesellen, die wir uns dünken lassen, wenn wir es einmal gelesen und gehört haben, daß wir es alles können und nicht mehr zu lesen noch lernen brauchen. Und können das in einer Stunde auslernen, da es Gott selbst nicht zu Ende lehren kann, obwohl er doch daran lehret von Anfang der Welt bis zu Ende, und alle Propheten samt allen Heiligen daran zu lernen gehabt und noch immer Schüler geblieben sind und noch bleiben müssen?«

Jedenfalls müsse dieses angenommene Glaubenswissen den Teufel, den Tausendkünstler, verjagen und zunichte machen, denn Gott sei »freilich noch mehr als ein Hunderttausendkünstler«.

Eine wunderbare Freundschaft verbindet Luther mit dem vom Humanisten Reuchlin beeinflußten Gelehrten Philipp Melanchthon, diesem vorsichtig abwägenden, auf Ausgleich bedachten jüngeren Kollegen. (Er wird zu Recht Praeceptor Germaniae, Lehrer Deutschlands, genannt. Ihm verdanken wir wesentlich die Einführung des allgemeinen Schulwesens.) Es ist eine produktive Freundschaft zweier sehr unterschiedlicher Menschen, wie sie in der deutschen Geistesgeschichte öfter vorkommt, etwa zwischen Goethe und Schiller, Schlegel und Tieck, den Gebrüdern Grimm oder Humboldt, Marx und Engels. In seiner bewegenden Grabrede im Februar 1546 sagt Melanchthon: »Er lebte und lehrte das rechte Beten, er scheute nie die Gefahr, er fand guten Rat in verwirrten Zeiten, er wußte Bescheid, wie es um die Regierung steht, er war gelehrt, aber er las begierig weiter und fleißig und wußte es anzuwenden …Wir sind nun ganz wie arme, elende und verlassene Waisen, so einen teuren und trefflichen Mann zum Vater gehabt … Wir sollen seinethalben Gott danken und uns mit ihm freuen …«

Martin Luther vollendet 1534 mit Hilfe vieler Freunde in Wittenberg die Übersetzung der Heiligen Schrift ins Deutsche. Seine Übersetzung begründet den Reichtum, die Schönheit und die Tiefe der deutschen Sprache, die in vielen Dialekten weiterlebt, sich aber im wesentlichen an seiner Übersetzungsleistung orientiert.

Luther setzt sich nicht nur lebenslang für die Armen ein; er ist mit seinem großen Haushalt auch öfter »ganz arm dran«. In Katharina findet er eine »Haushälterin« im vielfachen Sinne. Seine Tischreden zeugen von Bodenständigkeit, Lebensweisheit und Humor.

Er predigt unentwegt, sorgt sich um Bildung und Sozialordnung, schlägt sich mit den Reformierten herum und wird dabei immer halsstarriger, wenn es um die Bewahrung seiner Lehre geht. Die Polemik zwischen ihm und den Papisten wird nicht mehr abreißen.

Auch sein Verhältnis zu den Juden hat ihn in allen Lebensphasen beschäftigt. Während des euphorischen reformatorischen Aufbruchs entdeckt er eine große Nähe zu ihnen, doch will er sie missionieren. Sie sollten endlich einsehen, daß Jesus aus Nazareth wirklich der erwartete Messias ist. Nachdem sich die Christen von den papistischen Lehrüberwachungen befreit haben und zur Heiligen Schrift als normativer Quelle der Glaubensüberlieferung zurückgekehrt sind, sollten die Juden sich den Christen anschließen können, meint Luther.

Am Ende seines Lebens bricht aus ihm der ganze Antijudaismus seiner Zeit – und aller vorangegangenen Jahrhunderte – hervor. In bestürzender Weise polemisiert er gegen die »Jüden und ihre Lügen« (1542). Diese Schrift kann wie eine Vernichtungsanweisung gelesen werden, die Juden-Pogrome anstachelt. Das ist der wohl dunkelste Fleck im Leben dieses »Deutschesten aller Deutschen«, dieses gebannten Durchbrechers eines Banns, der auf der Kirche Jesu Christi selbst gelegen hatte. (Auch wenn sich die Kirche immer von neuem wird reformieren müssen.)

Die »Judensau« an der Wittenberger Stadtkirche ist seit 1304 steingewordene Verhöhnung, ein verfestigtes Vorurteil.

24 Mahnmal vor der Stadtkirche in Wittenberg zur Erinnerung an die Judenverfolgung

Zum 9. November 1988 hat die Evangelische Gemeinde unter diesem Spottbild ein Mahnmal in den Boden eingebracht, um an die Juden zu erinnern, die auch in Wittenberg verfolgt wurden – ein Stolperstein gewissermaßen. Das Mahnmal trägt die Umschrift »Gottes eigentlicher Name, der geschmähte Schem-Ha-MPhoras, den die Juden vor den Christen fast unsagbar heilig hielten, starb in sechs Millionen Juden unter einem Kreuzeszeichen.«

Luther schreibt einige tausend Briefe. Was die Veröffentlichung seiner »nächtlichen Schreibereien« angeht, ist er skeptisch, doch unentwegt greift er zur Feder – sie soll »Kaiserin« in den Kämpfen bleiben. Keine der vielen späteren Schriften erreicht die Frische, Klarheit und breite Wirkung seiner Veröffentlichungen bis 1525.

Am Lebensende läßt er seiner Todessehnsucht und seiner Sehnsucht, bei Christus zu sein, die ihn sein Leben lang begleiteten, freien Lauf: »Nur weg aus dieser Sodoma, will also umherschweifen, eher das Bettelbrot essen, ehe ich mein arm alte letzte Tage mit dem unordentlichen Wesen zu Wittenberg martern und verunruhigen will, mit Verlust einer sauren, teuren Arbeit.«

Von Krankheiten gebeutelt und mit dem lähmenden Gefühl, seine Aufgabe auf der Erde längst zur Genüge erfüllt zu haben, schreibt er dem jüngeren, schwer erkrankten Freund Friedrich Myconius: »So begehre und bitte ich, daß mich der liebe Gott an eurer statt krank werden läßt und mich ablegen heißt, diese meine Hütte, die nun ausgearbeitet, ausgedient hat, die verzehrt und kraftlos geworden und deshalb untüchtig; ich sehe es ja auch, daß ich niemand mehr nützlich bin.«

Das sagt Luther, der gleichzeitig einschärft, wir sollen so arbeiten, als wollen wir ewig leben, doch müßten wir gesinnt sein, als sollten wir diese Stunde schon sterben.

Im äußerst kalten Winter 1546 bricht er nach Eisleben auf, um einen Schlichtungsversuch im Erbstreit der mansfeldischen Grafen zu unternehmen. Als ein von körperlichen Gebrechen geplagter, in manchem tief verbitterter, dann aber auch wieder von erfrischendem Humor erfüllter, lebenssatter alter Mann stirbt er in seiner Geburtsstadt. »Wir sind Bettler, das ist wahr« – das ist der getröstete Vermächtnissatz eines Deutschen, der für jedermann nicht bloß die Zunge, sondern auch das Schwert seiner Zeit war. »Derselbe Mann, der wie ein Fischweib schimpfen konnte, der konnte auch weich sein wie eine zarte Jungfrau. Er war manchmal wild wie der Sturm, der die Eiche entwurzelt, dann war er wieder sanft wie ein Zephir, der mit Veilchen kost. Er war voll der schauderlichsten Gottesfurcht, voll Aufopferung zu Ehren des Heiligen Geistes, er konnte sich ganz versenken ins reine Geisttum; und dennoch kannte er sehr gut die Herrlichkeiten dieser Erde und wußte sie zu schätzen, und aus seinem Munde erblühte der famose Wahlspruch ›Wer nicht liebt Wein, Weiber und Gesang, der bleibt ein Narr sein Leben lang.‹ Er war ein kompletter Mensch, und ich möchte sagen ein absoluter Mensch, in welchem Geist und Materie nicht getrennt sind … Ewiger Ruhm dem teuren Manne, dem wir die Rettung unserer edelsten Güter verdanken und von dessen Wohltaten wir noch heute leben!« (Heinrich Heine, 1835)

Glauben, Denken, Wirken

Der Glaube ist und soll auch sein

ein Stehfest des Herzens,

der nicht wankt, wackelt, bebt,

zappelt und zweifelt,

sondern feststeht und

seiner Sache gewiß ist.

Herkules Germanicus contra freisinniger Europäer

Peter Vischer verherrlicht hier Luther als Herkules, der, bewaffnet mit dem Schild des Glaubens (Scutum fidei), die Personifikationen der Jugend (Iuventus), des noch gefesselten Gewissens (Conscientia) und des arbeitenden Volks in Gestalt eines Mannes mit dem Dreschflegel (Plebs) aus den Trümmern der Kirche Roms dem auferstandenen Christus zuführt.

Der Apostolische Stuhl steht in Flammen (Sedes Apostolika Roma). Davor liegt eine umgestürzte Statue mit Harnisch und Mönchstonsur, die unter sich Beichte (Confessio) und Zeremoniell (Ceremonia) begräbt. Der Koloß symbolisiert die von Luther gestürzte weltliche und geistliche Macht des Papsttums, sein Schild (Decreta Pontifica) liegt darnieder und ist wirkungslos.

Die der katholischen Kirche von den Reformatoren vorgeworfenen Laster flüchten aus dem Bild: Superbia, Avaritia und Luxuria – also Hochmut, Habgier und Genußsucht. Die drei christlichen Tugenden Fides, Spes und Charis – Glaube, Hoffnung und Liebe – stehen als Grazien vor dem Herrscherpalast. Zum Zeichen seiner Unbestechlichkeit werden dem gerechten Richter (Iustitia) die Augen verbunden.

Luther, in der Gestalt des Herkules, vollzieht mit seinem Griff an das Handgelenk der noch Ge- und Befangenen die Erlösungsgebärde Christi nach. Aber Herkules/Luther ist nicht selbst der Retter, sondern verweist auf Christus mit der Siegesfahne des Lebens.

Vischer vereint Motive aus Antike, Renaissance und Reformation zur Vision eines protestantisch geführten Reiches. Hans Holbein hat das Herkulesmotiv kritisch-ironisch aufgegriffen. Er stellt Luther als einen Berserker dar, der auf alles bisherige Geistesleben einschlägt.

Diesem »Herkules Germanicus« tritt Erasmus von Rotterdam sehr früh entgegen. Der Universalgelehrte hat in Luther anfangs einen Barbar und Unruhestifter, einen Verächter von Zivilisation und Bildung und unbesonnenen Vertreter naturwüchsiger Kraft gesehen; obwohl er viele

Seite 58

25 Lucas Cranach d.J., Die Anbetung der Hirten. Ölgemälde (1564) in der Stadtkirche zu Wittenberg

26 Peter Vischer d. J.,
Allegorie zu Ehren
Martin Luthers.
Aquarellierte Feder-
zeichnung, 1524

reformatorische Impulse Luthers teilt, bleibt er tief skeptisch und löst sich trotz seiner Kritik an der römischen Kirche nicht vom Katholizismus.

Erasmus setzt stets auf Ausgleich. So schreibt er am 30. Mai 1519 an Luther: »Herzlichen Gruß in Christus geliebtester Bruder. Dein Brief war mir sehr willkommen. Er verriet Schärfe des Geistes und ein christliches Herz. Mit Worten könnte ich nicht sagen, welchen Sturm deine Bücher hier hervorgerufen haben. Noch immer läßt sich der vollkommen falsche Verdacht nicht ausrotten, daß man meint, deine Schriften seien mit meiner Hilfe geschrieben, ich sei der Bannerträger dieser Partei, wie sie sagen. Sie glauben, eine Handhabe bekommen zu haben, die guten Wissenschaften zu unterdrücken, die sie von Grund aus hassen als Verdunkelung der theologischen Majestät, die sie viel höher schätzen als Christus, und zugleich mich zu unterdrücken, dem sie einige Bedeutung für die Belebung der Studien beimessen ... Ich habe bezeugt, daß du mir völlig unbekannt bist, da ich deine Bücher noch nicht gelesen habe; infolgedessen mißbillige und billige ich nichts. Nur habe ich gemahnt, man solle nicht, ohne deine Bücher gelesen zu haben, so gehässig vor dem Volke schreien; das Urteilen über deine Schriften sei Sache derer, auf deren Urteil man größten Wert legen müsse. Man solle auch erwägen, ob es gut sei, vor dem gewöhnlichen Volk Dinge preiszugeben, die besser in Büchern widerlegt oder zwischen Gebildeten verhandelt würden, zumal man einstimmig das Leben des Verfassers rühme ...

Bei mir fürchten sie die Feder, denn sie haben ein schlechtes Gewissen ... Meines Erachtens kommt man mit bescheidenem Anstand weiter als mit Sturm und Drang. ... Es empfiehlt sich mehr, laut gegen die aufzutreten, die die päpstliche Autorität mißbrauchen, als gegen die Päpste selbst. Giftige Streiteren gewisser Leute sollte man mehr verachten als widerlegen.«

Seite 63

27 Hans Holbein d. J.,

Luther als »Herkules

Germanicus«.

Holzschnitt,

um 1520

Für Luther gilt das als leisetreterisch. Erasmus wiederum meint, in Luthers Schriften stecke viel Wissenswertes, aber sie seien zu scharf formuliert oder könnten gar Unruhe hervorrufen. Und er beklagt in einem Brief an den päpstlichen Legaten Lorenz Campeggio: »Niemand ermahnte ihn (Luther) brüderlich, niemand schreckte ihn ab, niemand lehrte ihn,

Herkules Germanicus contra freisinniger Europäer   63

niemand widerlegte ihn, sie schrien nur, ein neuer Ketzer sei erstanden.«

Erasmus will verhindern, »daß der ganze Bestand der Kirche ins Wanken gerät«. Er sucht mit allen Mitteln den Frieden und die Verständigung, geradezu prophetisch sieht er voraus, wohin Kirchenspaltung führen würde. An den Straßburger Reformator Martin Bucer schreibt er 1527:

»Ich glaube, ein kommendes grausames und blutiges Jahrhundert zu sehen … Nur mit heftigem Schmerz rede ich davon, nicht nur, weil ich den schlimmen Ausgang der falsch angefaßten Sache voraussehe, sondern auch, weil ich sie nachgerade ausbaden muß.

Man hätte auch nichts unüberlegt niederreißen sollen, ohne einen besseren Ersatz vorbereitet zu haben.

Jetzt gefällt gewissen Leuten überhaupt nichts Überkommenes mehr, wie wenn man plötzlich eine neue Welt schaffen könnte.«

In seiner 1524 erschienenen Streitschrift »Über den freien Willen« betont Erasmus die Selbstverantwortung und Freiheit des menschlichen Willens Gott gegenüber. Luther hält in seiner Schrift »Vom unfreien Willen« dagegen, der Mensch vermöge Gott gegenüber nichts. Gott handelt souverän. Der Mensch bleibt Gott gegenüber ein prinzipiell Angewiesener, IHM gegenüber kann er nichts vorweisen oder beanspruchen. Allein die Gnade Gottes vermöge ihn zu retten. Dies schließt selbständiges verantwortliches Handeln ein – das aber vermag ihn nicht zu erlösen.

Hier treffen zwei grundverschiedene Geisteshaltungen und Charaktere aufeinander. Ihr Streit entzweite und schwächte die humanistische und die reformatorische Bewegung.

Euphorische Unterstützung hatte Luther zuvor durch Ulrich von Hutten erhalten. »Denn immer habe ich in allem, was ich verstand, dir beigestimmt, obschon bis jetzt kein Verkehr zwischen uns stattfand. Der Papst, ein schamloser Bösewicht! Man muß sehen, daß ihm vergolten werde, was er verdient. Du sei fest und stark und wanke nicht! Doch was mahne ich, wo nichts zu mahnen ist? An mir hast Du einen Anhänger – für jeden möglichen Fall. Darum wage es, mir inskünftige alle Deine Pläne anzuvertrauen. Verfechten wir die gemeine Freiheit! Befreien wir

Seite 65

28 Albrecht Dürer,

Erasmus von

Rotterdam.

Kupferstich, 1526

IMAGO · ERASMI·ROTERODA
MI · AB · ALBERTO · DVRERO·AD
VIVAM · EFFIGIEM·DELINIATA·

ΤΗΝ·ΚΡΕΙΤΤΩ·ΤΑ·ΣΥΓΓΡΑΜ
ΜΑΤΑ·ΔΙΞΕΙ

· M D X X V I ·

das unterdrückte Vaterland! Gott haben wir auf unserer Seite. Ist Gott für uns, wer mag wider uns sein?«

Ganz im lutherischen Geiste spricht auch Hutten davon, daß die verdunkelte Lehre wieder ans Licht gebracht werden müsse, alle in freien Stücken in sich gehen und auf den rechten Weg zurückkehren sollten. Das Gerücht, Luther sei bereits in den Bann getan worden, erfüllt ihn nicht mit Traurigkeit, sondern mit Hochachtung: »Wie groß, o Luther, wie groß bist du, wenn das wahr ist.« Dieser wackere Mitstreiter Luthers, dieser Humanist, Ritter und Dichter sollte schon 1523 elendig sterben.

Verschiedene Kräfte waren bereit, denen auch mit Gewalt entgegenzutreten, die nur die Sprache der Gewalt verstanden. Luther indes war jeglicher Gewaltanwendung bei der Verbreitung geistlicher Erkenntnisse und der Bewahrung von Freiheit abhold. Nicht umsonst war er – alles wagend! – von der Wartburg nach Wittenberg geritten, um mit dem Wort allein dem zerstörerischen Treiben der Wittenberger Schwärmer entgegenzutreten. Sie waren mit Äxten ans Werk gegangen, hatten Kunstwerke zerschlagen und verbrannt und wollten alle zum neuen Glauben zwingen, insbesondere zum Abendmahl mit Brot und Wein. In Glaubensdingen aber muß nach Luthers Überzeugung innerste Freiheit walten, nie Zwang. Wenn es gegen den frühkommunistisch-radikalen Karlstadt oder gegen den Geist-begabt-revolutionären Müntzer geht, ist Luther indes nie zimperlich.

Nur das voranstürmende Gemüt eines Luther hat zur Reformation als Befreiung von römisch-papistischer Bevormundung führen können, nicht das versöhnlerische, fast ängstliche Gemüt des großen Europäers Erasmus, der sich nach Basel in die vornehme Studierstube zurückzieht und aus den Händeln der Welt herauszuhalten sucht.

In diesem Sinn schreibt Heinrich Heine: »Die Freiheit des Erasmus und die Milde des Melanchthon hätten uns nimmer so weit gebracht wie manchmal die göttliche Brutalität des Bruders Martin.« (1835)

29 Johann Schöffer, Bildnis Ulrich von Huttens als Edelmann unter Baldachin. Holzschnitt, 1517

Freiheitsglaube, Zivilcourage und Gewissensbindung

Was wir heute Zivilcourage nennen, geht nicht unwesentlich auf die Haltung Martin Luthers in den entscheidenden Anfangsjahren der reformatorischen Bewegung zurück. In einer Vorrede seiner großen Schrift »An den Christlichen Adel deutscher Nation von des christlichen Standes Besserung« hat er begründet, warum er als ein kleiner Mönch, Prediger und Wittenberger Theologieprofessor so ein verwegenes Ansinnen habe, die Fürsten aufzufordern, die Reform der Kirche in die Hand zu nehmen. Es sei die allgemeine innere und äußere Not, die ihn zwinge, zu reden. Er schreibt in dieser Schrift: »Die Zeit des Schweigens ist vergangen und die Zeit des Redens ist gekommen … Ich bedenke wohl, daß mir's nicht unverwiesen bleiben wird, als vermesse ich mich zu hoch, daß ich verachteter Mensch, der sich von der Welt abgewandt hat, solche hohen und großen Stände anzureden wage in so gewaltigen, großen Sachen, als wäre sonst niemand in der Welt als Dr. Luther, der sich des christlichen Standes annehmen und so hochverständigen Leuten Rat geben könnte. Ich lasse meine Entschuldigung weg; verweise mir's, wer da will. Ich bin vielleicht meinem Gott und der Welt noch eine Torheit schuldig und habe mir jetzt vorgenommen, wenn mir's gelingen mag, sie redlich zu zahlen und auch einmal Hofnarr zu werden. Gelingt mir's nicht, so habe ich doch einen Vorteil: Es braucht mir niemand eine Kappe zu kaufen noch den Kamm zu scheren. Es kommt aber darauf an, wer dem andern die Schelle umhängt!«

Welch Mut, Demut und Selbstironie spricht aus diesen Worten. Er sollte Gelegenheit finden, Aug in Aug zu beweisen, ob er solchen kecken Mut wirklich habe und ob sich die innere Freiheit bewähren würde. Er wird zum Reichstag nach Worms geladen und erwartet eine Disputation. Luthers Reise gestaltet sich zu einer Art Triumphzug durch die deutschen Lande, aber die Anhörung muß er ganz allein durchstehen. Später schreibt er in einem Brief an Friedrich den Weisen: »Wenn so viele Teufel zu Worms wären wie Ziegel auf den Dächern, wollte ich doch hinein!«

An den Chriſtli-
chen Adel deucſcher Nation
von des Chriſtlichen ſtandes beſſerung.
D. Martinus Luther

Der Kaiser hat sich zu einem unparteiischen Verhör bereit erklärt, während einige päpstliche Legaten
und Kardinäle Luthers kompromißlose Ächtung
betreiben. Luther betrachtet die Anhörung als eine
Möglichkeit, die Gravamina wieder auf die Tagesord-
nung zu setzen, die er in seiner Adelsschrift ausgesprochen hat. Was er erlebt, ist schlicht ein Verhör und eine
in mächtiger Kulisse inszenierte Aufforderung zum
Widerruf.

Zunächst redet Luther bescheiden, dialogbereit,
klar vor Augen den Scheiterhaufen, auf dem Jan Hus
verbrannt worden ist, aber noch klarer vor Augen seinen Herrn Jesus Christus. Jene Tapferkeit, Gewißheit
und jenen Glaubensmut, jene innere Stärke, die ein
Mensch nicht von sich selbst hat, spiegelt sich wider
in der Kunst, in Dürers frühem Kupferstich »Ritter,
Tod und Teufel«. Luther verbindet mit den Rittern seine Unerschrockenheit. Mit aufgeklapptem Visier reitet er mitten hindurch, gänzlich unbeeindruckt von der Sanduhr des hinrinnenden Lebens, die ihm
der Tod mitleidig hinhält, während der Teufel als ein wahrlich trauriger
Gast auf dem Pferdefuß hinkend folgt.

Obwohl er dort keine Fragen beantworten und keine Statements
abgeben sollte, setzt er zu einer größeren Rede an, die demütig und mutig
zugleich ist.

»Weil ich ein Mensch bin und nicht Gott, kann ich meine Schriften
nur so verteidigen, wie mein Herr Jesus Christus seine Lehre verteidigt
hat. Als er von Hannas über seine Lehre befragt wurde und ein Diener
ihm ins Gesicht schlug, hat er gesagt, ›habe ich Unrecht geredet, so be-
weise es, daß es Unrecht ist‹ (Joh. 18.). Wenn der Herr selbst, der wußte,
daß er nicht irren kann, bereit ist, selbst von einem niederen Knecht ein
Zeugnis gegen seine Lehre zu hören, wie viel mehr muß dann ich, der ich
ein Nichts bin und nur irren kann, darum bitten und darauf warten, ob
jemand gegen meine Lehre Zeugnis vorbringen will. Darum bitte ich

Copia einer Missine/Doctor Martinus Luther nach seinem abschid zü Worms zü rugk an die Churfür
sten/Fürsten/Vñ stend des Reichs da selbst
verschriben gesamlet hatt.

durch die Barmherzigkeit Gottes, Eure Majestät, Eure Durchlauchtigsten Herrschaften oder wer auch immer es vermag, der Höchste oder der Geringste, wolle Zeugnis geben, die Irrtümer widerlegen, sie mit Propheten- und Evangelienworten überwinden; denn ich werde, wenn ich belehrt worden bin, bereit sein, jeden Irrtum zu widerrufen, und meine Bücher als erster ins Feuer werfen.« Er fährt im Angesicht des Kaisers fort. »Er (Gott) ist es, der die Klugen in ihrer List fängt und die Berge zu Fall bringt, ehe sie es merken (Hiob 5). Darum bedarf es der Furcht Gottes. Ich sage das nicht, weil so hochgestellte Persönlichkeiten der Belehrung und Ermahnung durch mich bedürften, sondern weil ich meinem Deutschland den gehorsamen Dienst, den ich ihm schulde, nicht vorenthalten darf. Damit befehle ich mich Eurer Majestät und Euren Herrschaften. Ich bitte demütig, es nicht zuzulassen, daß der Eifer meiner Gegner mich ohne Grund bei ihnen in Ungnade stürzen läßt.«

Luther setzt ganz auf die Macht des Arguments, das sich biblisch belegen läßt, und rechnet nicht mit dem nackten Wort der Macht. Zuviel Hoffnung setzt er auf den jungen Kaiser und die Einsichtsbereitschaft der Menschen angesichts der Autorität der Heiligen Schrift. Dieser letzte Satz »Ich habe geredet.« impliziert: Nun redet ihr auch und bringt eure Argumente vor. Aber man wirft ihm vor, er habe nichts zur Sache gesagt. Konzilbeschlüsse dürfen nicht angezweifelt werden. Er solle eine klare und eindeutige Antwort geben. Luther bittet um Bedenkzeit und gibt dann am nächsten Tag eine berühmt gewordene einfache Erklärung ab, die Geschichte machen sollte:

»Wenn Eure Majestät und Eure Herrschaften denn eine einfache Antwort verlangen, so werde ich sie ohne Hörner und Zähne geben.

Wenn ich nicht durch Schriftzeugnisse oder einen klaren Grund widerlegt werde – denn allein dem Papst und den Konzilien glaube ich nicht; es steht fest, daß sie häufig geirrt und sich auch selbst widersprochen haben –, so bin ich durch die von mir angeführten Schriftworte überwunden. Und da mein Gewissen in den Worten Gottes gefangen ist, kann und will ich nichts widerrufen, weil es gefährlich und unmöglich ist, etwas gegen das Gewissen zu tun. Gott helfe mir. Amen.«

Solche Haltung sollte fernerhin protestantischen Geist wesentlich prägen: die Gewissensbindung des Einzelnen, der nicht mit gutem, wohl aber mit getröstetem Gewissen lebt, denkt und handelt.

Luther hat die – heute tiefenpsychologisch untermauerte – Einsicht, daß das Gesetz (das Über-Ich) nur Angst macht und ein böses Gewissen schafft, »ein friedloses Herz und ein ängstliches Gemüt«. Solange das Über-Ich-Gesetz wirkt, bleibt der Mensch in Angst. Hier hilft allein ein freisprechendes Wort.

In Luthers Sprache: »Wenn wir darum gefangen und betrübt und gänzlich verzweifelt sind, dann geht das Licht des Evangeliums auf und spricht: ›Fürchtet euch nicht, tröstet, tröstet mein Volk, tröstet die Verzagten‹!« »Das sündige Gewissen« wird sich immer nur seiner Verfallenheit und

33 Luther vor dem Reichstag in Worms. Holzschnitt

Verlorenheit bewußt sein. Ihm setzt Luther das fröhliche und getröstete Gewissen entgegen. Ein Christ kann im Herzen getrost werden und bleiben, weil er um Vergebung, um Gnade und Neuanfang weiß. »Denn während er glaubt, daß es mit ihm aus sei, wird er nun aufgehen wie der Morgenstern. Solange aber diese jammervolle Verwirrung seines Gewissens anhält, kann er weder Frieden noch Trost finden – es sei denn, daß er los sei und ihm so der Friede des Gewissens geschenkt wird. Ein verwirrtes Gewissen lebt in Dauerangst vor Strafe, aber ein frohes Gewissen kann die Strafe geradezu lieb haben, weil die Strafen keine Strafen mehr sind. Der Glaube empfängt alles und verkürzt alle Reue und alle Leistung, die man selber aufbringt. Sie können gar nichts helfen, denn so würde man Gott wohl zu einem Wucherer und Kaufmann machen.«

Luther will nicht immer in die »Luft stoßen« und unsicher sein, ob ihm das Heil als eine innere Gewißheit zukommt. Im April 1525 – mitten in der Auseinandersetzung mit Erasmus – erklärt er:

»Ich selbst bekenne für meine Person jedenfalls: sollte es irgendwie möglich sein – ich möchte den freien Willen nicht geschenkt bekommen! (Ich möchte nicht,) daß irgend etwas mir überlassen bliebe, was ich für mein Heil tun könnte. Und das nicht allein deshalb, weil ich nicht imstande sein würde, gegen alle Widerstände und Gefahren, im Kampf mit all den Teufeln mich zu behaupten und es festzuhalten – ein Teufel ist ja stärker als alle Menschen –, und weil so kein Mensch selig werden würde; nein, auch dann, wenn es keine Gefahren, keine Widerstände, keine Teufel gäbe, würde ich so doch gezwungen sein, mich ständig aufs Ungewisse zu mühen und in die Luft zu stoßen. Denn wenn ich auch ewig lebte und arbeitete, mein Gewissen würde doch niemals sicher und gewiß werden können und wissen, wie viel es zu tun habe, um Gott zu genügen. … Nun aber, wo Gott mein Heil über den Bereich meines Wollens hinausgehoben und ganz zu seiner Sache gemacht hat, wo er verheißen hat, mich nicht durch mein Tun oder Laufen, sondern durch seine Gnade und Barmherzigkeit zu retten, nun bin ich dessen gewiß und sicher, daß er treu ist und mir nicht lügen wird, dazu mächtig und groß genug ist, daß ihn kein Teufel und kein Widerstand stürzen noch mich ihm entreißen wird.«

Aus innerster Gewißheit hat er schon 1520 nach der Verbrennung der päpstlichen Bulle sein Tun vor aller Öffentlichkeit begründet: Er als ein getaufter Christ und geschworener Doktor der Heiligen Schrift und ein täglicher Prediger sei verpflichtet gewesen, verführerische und unchristliche Lehre zu vertilgen; und »so mein Gewissen genugsam verständigt (ist) und mein Geist, mutig genug von Gottes Gnaden erweckt«, habe er sich von niemandem aufhalten lassen. Um diese an der Heiligen Schrift geprüfte Gewissensverständigung ging es ihm sein Leben lang; freilich ist auch solche Gewissensbindung nicht irrtumsresistent.

Die Gewissensbindung hat viele der Widerständler im Umkreis des Attentats vom 20. Juli 1944 in das Wagnis ihres Lebens geführt. 1943 – zehn Jahre nach der Machtergreifung Hitlers – schreibt Dietrich Bonhoeffer aus dem Gefängnis, daß »eine entscheidende Grunderkenntnis den Deutschen noch fehlte: die von der Notwendigkeit der freien, verantwortlichen Tat auch gegen Beruf und Auftrag. An ihre Stelle trat einerseits verantwortungslose Skrupellosigkeit, andererseits selbstquälerische Skrupelhaftigkeit, die nie zur Tat führte.

Zivilcourage aber kann nur aus der freien Verantwortung des freien Mannes erwachsen. Die Deutschen fangen erst heute an, zu entdecken, was freie Verantwortung heißt. Sie beruht auf einem Gott, der das freie Glaubenswagnis verantwortlicher Tat fordert und der dem, der darüber zum Sünder wird, Vergebung und Trost zuspricht.«

Er beschäftigt sich intensiv mit der moralischen Vertretbarkeit des Tyrannenmordes. Es gehört zum protestantischen Geist, daß er zum

Wagnis der Tat wird, auch wenn die Tat keine Heldentat ist, auch wenn es kein Tun gibt, das frei von Schuld bleibt.

Was Unerschrockenheit und Glaubensgewißheit bedeuten können – in einem christlich-protestantisch-preußischen Geist –, wird aus den Gefängnisbriefen des Widerständlers Helmuth James Graf von Moltke deutlich. An seine Söhne schreibt er im Abschiedsbrief vor seiner Hinrichtung aus dem Tegeler Gefängnis am 10. 1. 1945: »Ich habe mein ganzes Leben lang, schon in der Schule, gegen einen Geist der Enge und der Gewalt, der Überheblichkeit, der Intoleranz und des Absoluten, Erbarmungslos-Konsequenten angekämpft, der in den Deutschen steckt und der seinen Ausdruck in dem nationalsozialistischen Staat gefunden hat. Ich habe mich auch dafür eingesetzt, daß dieser Geist mit seinen schlimmen Folgeerscheinungen wie Nationalismus im Exzeß, Rassen-verfolgung, Glaubenslosigkeit, Materialismus überwunden werde.«

Seiner Frau Freya schildert von Moltke sein »Gefühl absoluter Gebor-genheit« und wie wenig die Nazischergen »nehmen können, … selbst wenn ich keinen heilen Knochen am Leibe behalte«. Da klingt etwas auf von der Kraft der Luther-Zeile aus dem Lied »Eine feste Burg ist unser Gott …«:

Nehmen sie den Leib,
Gut, Ehr, Kind und Weib:
laß fahren dahin, sie haben's kein Gewinn,
das Reich muß uns doch bleiben.

Ganz im lutherischen Sinn reflektiert Jeremias Gotthelf über die Ewigkeit des Wortes und die Vergänglichkeit des Schwertes und der Gewalt: »Das Wort ist unendlich mächtiger als das Schwert, und wer es zu führen weiß in starker, weiser Hand, ist mächtiger als der Mächtigste aller Könige. Wenn die Hand erstirbt, die das Schwert geführt, wird das Schwert mit der Hand begraben, und wie die Hand im Staub zerfällt, so wird vom Rost das Schwert verzehrt.

Aber wo im Tode der Mund sich schließt, aus dem das Wort gegangen, bleibt frei und lebendig das Wort; über dasselbe hat der Tod keine Macht, ins Grab kann es nicht verschlossen werden, und wie man die Knechte Gottes schlagen mag in Banden und Ketten, frei bleibt das Wort Gottes, welches aus ihrem Munde gegangen.«

Das Gute tun – nicht nur das Böse vermeiden

Es gibt eine schier unausrottbare deutsche Gehorsamstradition, in der man Gesetze befolgt, sich an alle Verbote hält und dann meint, ein »anständiger Bürger« zu sein. Das ist die Verweigerung eigener, freier, vorausschauender Verantwortlichkeit, in der ein Mensch fragen muß, was er tun kann, daß das Böse in der Welt zurückgedrängt wird. Bert Brecht läßt die fromme Johanna sagen: »Sorgt doch, daß ihr die Welt verlassend / Nicht nur gut wart, sondern verlaßt / Eine gute Welt.«

Luther hat die Zehn Gebote als eine hilfreiche Grundregel für menschliches Zusammenleben mehrfach interpretiert. Er legt sie mit den Intentionen der Bergpredigt aus: Es komme nicht bloß auf die Tat, sondern auch auf die Gesinnung an, nicht bloß auf das Tun, sondern auch auf das Denken, Reden, Wünschen, Begehren. Man dürfe beispielsweise das fünfte Gebot nicht darauf reduzieren, daß man nicht *töten* solle, indem man jemandem ans Leben geht, denn man kann auch mit der Zunge töten – oder mit dem Herzen jemandem feind sein, von Zorn und Haß erfüllt, ihm alles Böse wünschen. Dem anderen nichts Gutes gönnen und Böses tun »ist nicht menschlich, sondern teuflisch«.

Luther vollzieht noch einen weiteren maßgeblichen Schritt bei der Auslegung der menschlichen Lebensregeln. Die Gebote sind negativ formuliert: nicht töten, nicht ehebrechen, nicht stehlen, nicht falsch Zeugnis reden. Es geht jedoch um die aktive Für- und Vorsorge. So schreibt Luther über das fünfte Gebot: Es übertrete dieses Gebot nicht allein der, der Böses tue, sondern auch der, der »dem Nächsten Gutes tun, zuvorkommen, wehren, schützen und retten kann, daß ihm kein Leid noch Schaden am Leib widerfahre, und tut es nicht. Wenn Du einen Nackten gehen

lässest und könntest ihn kleiden, so hast Du ihn erfrieren lassen. Siehst Du jemand Hunger leiden und speisest ihn nicht, so lässest Du ihn Hungers sterben. Ebenso: Siehst Du jemand zum Tode verurteilt oder in gleicher Not, und rettest ihn nicht, obwohl Du Mittel und Wege dazu wüßtest, so hast Du ihn getötet. Und es wird nicht helfen, daß Du vorwendest, Du habest keine Hilfe, Rat noch Tat dazu gegeben; denn Du hast ihm die Liebe entzogen und ihn der Wohltat beraubt, dadurch er bei dem Leben geblieben wäre.«

Es geht um eine aktive Gebotsethik. Der eigentliche Wille Gottes ist nach Luther, »daß wir keinem Menschen Leid widerfahren lassen, sondern ihm alles Gute und Liebe beweisen, und das ist – wie gesagt – besonders gegen die gerichtet, welche unsere Feinde sind. Denn daß wir Freunden Gutes tun, ist noch eine gewöhnliche heidnische Tugend, wie Christus Matthäus 5,46 sagt.«

Luther verfaßt eine Art Bußkatalog zur Selbstbefragung des Einzelnen und listet auf, wer gegen das fünfte Gebot verstößt: »Wer seinem Nächsten zürnt, wer zu ihm du ›Nichtsnutz‹! sagt und was es dergleichen Zeichen des Zorns und Hasses gibt. Wer zu ihm sagt, ›du Dummkopf und gottloser Narr!‹ oder was es an Schimpfworten, Flüchen, Verlästerungen, bösen Nachreden, Richten, Verurteilen, Hohnreden u.s.w. gibt. Wer die Sünden und Mängel seines Nächsten hervorhebt, statt sie (vor den anderen) zu verdecken und zu entschuldigen. Wer seinen Feinden nicht vergibt, nicht Fürbitte für sie tut, nicht freundlich und gut mit ihnen umgeht. Hierein gehören alle Sünden aus Zorn und Haß, wie Morden, Kriegführen, Rauben, Niederbrennen, Zanken, Hadern, Trauern über des Nächsten Glück, sich freuen über sein Unglück.

Wer nicht auch gegenüber seinen Feinden die Werke der Barmherzigkeit übt, wer die Leute gegeneinander aufhetzt oder (durch Hetzreden und Lügen) miteinander verstrickt. Wer Zwietracht sät zwischen den Menschen. Wer die Zerstrittenen nicht versöhnt, wer sich Zorn und Haß nicht entgegenstellt und ihnen nicht zuvorkommt, wo er nur kann.«

Dies ist das Ferment einer neuen Mitmenschlichkeit, das durch Christen in die Welt kommen soll. Dazu ist jeder Getaufte aufgefordert. Zugleich wird jedermann erkennen, daß er solchem Gebot nicht wirklich oder umfassend gefolgt ist. Er wird sich seiner Schuld und seiner Vergebungsbedürftigkeit bewußt. Deshalb sollen – und können! – Menschen auf die Gnade Gottes trauen und neu beginnen, stets darum bittend, daß der neue Geist ihnen Kraft und Zuversicht zur Erfüllung dieser Gebote gibt, ohne daß sie sich im Falle der Erfüllung gerechtfertigt bzw. im Falle seines Zurückbleibens verdammt sehen.

Luther drückt sich viel polemischer und schroffer aus: »Wo dir ein unnützes Maul vorkommt, das einen anderen austrägt und verleumdet, so rede ihm frisch unter die Augen, daß er schamrot werde, so wird mancher das Maul halten, der sonst einen armen Menschen ins Geschrei bringt.«

Entsprechende Bußkataloge entwickelt Luther ebenso im Blick auf das Gebot »Du sollst nicht stehlen«, »Du sollst nicht unkeusch sein«, »Du sollst nicht falsch Zeugnis reden«, »Du sollst nicht begehren«.

Die Bibel – nicht Lesewort, sondern Lebewort!

Luther hat eine bestechend schöne, klare, weiche Schrift, die ganz und gar nicht zu der Person paßt, die man sich gemeinhin vorstellt. Als Beispiel:
Widmungsbrief zum »Schönen Confitemini«; eine Auslegung des 118. Psalms an Friedrich Pistorius in Nürnberg, am 1. Juli 1530 von der Veste Coburg aus geschrieben.

Handschrift

Und ist freylich der grossesten plagen eine auff erden, das die heilige
schrifft so veracht ist, auch bey denen, die dazu gestifft sind. Alle ander
sachen, kunst, bucher, treibt und ubet man tag und nacht. Und ist des
erbeitens und muhens kein ende. Allein die heilige schrifft lesst man
iegen, als durff man yhr nicht. Und die yhr so viel ehre thun, das sie sie ein
mal lesen, die konnen es flugs alles. Und ist nie keine kunst noch buch
auff erden komen, das yber man so bald ausgelernet hat als die heilige
schrifft. Und es sind doch ia nicht lesewort, wie sie meinen, Sondern eitel
lebewort drinnen, die nicht zum speculieren und hoch zü tichten, sondern zum leben und thun dargesetzt sind. Aber, Es hilfft unser klagen
nicht. Sie achtens doch nicht. Christus unser herr helff uns durch seinen
geist, sein heiliges wort mit ernst lieben und ehren, Amen. Befelh mich
hie mit ynn ewr gebet. Ex eremo prima Julii 1530. Martinus Luther.

Mit dem Wortspiel »nicht *Lesewort* ... sondern eitel *Lebewort*« macht Luther deutlich, daß der Inhalt der Schrift den Menschen von innen her erfüllen muß. Sein Leben lang wollte er ein Dolmetscher der Schrift und darin ein Haushalter über »die Geheimnisse Gottes« sein. Die Bibel sei wie ein großer, weiter Wald, in dem viele Bäume stünden, man könne von ihnen mancherlei Obst und Früchte abbrechen. Doch es sei »kein Baum in diesem Wald, daran er nicht geklopft und ein paar Äpfel oder Birnen wären heruntergefallen«. Dieses Bild variiert er mehrfach, so mit den Worten: »Ich hab nun etliche Jahr her die Bibel zweimal ausgelesen; und wenn sie ein großer, mächtiger Baum wäre, und alle Worte wären Ästlein und Zweige, so habe ich doch an allen Ästlein und Reislein angeklopft und gerne wissen wollen, was daran wäre und was sie vermöchten, und alle Zeit noch ein paar Äpfel und Birnlein heruntergeklopft.«

Zwischen dem aktiven Moment herunter*geklopft* und dem passiven Moment herunter*gefallen*, zwischen Tun und Empfangen, Gaben und Aufgaben, Zuspruch und Anspruch vollzieht sich all sein Denken, Handeln und Glauben.

Die Heilige Schrift zu lesen bereitet ihm Vergnügen und sinnlichen Genuß, der Leib und Seele in gleicher Weise beglückt, erfrischt und stärkt. Er findet darin auch alle Dunkelheit, alle Traurigkeit und alle Verzweiflung des Daseins ausgesprochen.

Das zweischneidig Schwert und der Tiefsinn der Schrift

Luther ist mit der dunklen Seite des Lebens tief vertraut. Er spricht vom Deus absconditus – dem fernen, unbegreiflichen Gott, dem er den lichten, erleuchtenden, befreienden Gott entgegenstellt, wie er dem erlösungsbedürftigen Menschen in Christus begegnet.

Strick ist entzwei, und wir sind frei.
Des Herren Namen stehet uns bei.

Er nennt ihn den Deus revelatus, den Gott, der sich uns zeigt und den Menschen aufrichtet, wiewohl er ihm das Kreuz nicht erspart. Aber daß ER das Kreuz auf sich nahm, erlöst die Glaubenden vom Kreuz des Lebens. Weil er die Finsternis, die zerrüttende Depressivität in sich kennt, vermag er andere zu trösten. Luther hat in Johannes Bugenhagen (1485–1558, Superintendent an der Stadtkirche Wittenberg) einen seelsorgenden Freund, dem er beichtet und der ihn im Mut des Glaubens bestärkt.

In einer Tischrede sagt er: »Groß ist die Kraft des göttlichen Worts, darum heißt es in der Epistel zu Hebräer Kap. 4,12 ein zweischneidig Schwert, denn es hat zweierlei Kraft, nämlich es schrecket und tröstet.«

37 Christus als Weltenrichter in der Mandorla. Sandsteinrelief

Das Wort Gottes ist ein zweischneidig Schwert: Gericht und Gnade, Zorn und Liebe, Verdammen und Verzeihen. Eines von Luthers Lebensthemen. Das »schreckende und tröstende« Handeln Gottes in der Welt ist geradezu majestätisch symbolisiert in dem Sandsteinrelief »Christus in der Mandorla«, das er 35 Jahre lang fast täglich an der Stadtkirche in Wittenberg gesehen hat. Der Weltenrichter zieht das Schwert durch seinen Mund – das eine Ende ist Schwert, das andere Lilie. In solchen, auch »dialektisch« nicht auflösbaren Widersprüchen vollzieht sich menschliche Existenz.

Und Luther weiß auch, daß nur derjenige, der mitten im Leben steht, den Lebenssinn der Schrift begreifen und weitergeben kann.

Luthers menschliche Größe zeigt sich viel stärker in seiner Bescheidenheit als in seinen kernigen Sprüchen. Die letzten überlieferten Worte des Reformators, schon im Angesicht seines Todes, kommen aus geläuterter Weisheit:

»Die Hirtengedichte Vergils kann niemand verstehen, er sei denn fünf Jahre Hirte gewesen. Die Vergil'schen Dichtungen über die Landwirtschaft kann niemand verstehen, er sei denn fünf Jahre Ackermann gewesen. Die Briefe Ciceros kann niemand verstehen, er habe denn 20 Jahre in einem großen Gemeindewesen sich bewegt. Die Heilige Schrift meine niemand genugsam geschmeckt zu haben, er habe denn 100 Jahre mit den Propheten die Kirche regiert. Versuche nicht, diese göttliche Aeneis, sondern neige dich tief anbetend vor ihren Spuren! Wir sind Bettler, das ist wahr!«

Diese Konzentration auf die Bibel unterscheidet Luther von den Renaissance-Denkern, die ihre geistigen Anleihen eher in der Antike und in zeitgenössischer Philosophie, Dichtung und Kunst finden.

Er erhebt die Niedrigen
Maria und der Wert jedes Menschen

Niemand lasse den Glauben daran fahren, daß Gott an ihm eine große Tat tun will.« Dieser Spruch in der Eingangshalle der alten Wittenberger Universität ist eine Würdigung und Ermutigung jedes Einzelnen, ganz er oder sie selbst zu sein. Jeder soll wissen: Ich habe eine Begabung, die für andere brauchbar ist. An jedem von uns wird Großes getan. So tue nun auch selbst etwas, so klein es dir erscheinen mag! Weder äußere Würdigung noch die Vergütung sind entscheidend, sondern die Selbstgewißheit: Ich bin ein gewürdigter Mensch.

Die »Würde des Menschen« – jedes Menschen! – ist gegeben, über alles erhaben und »unantastbar«, heißt es im ersten Artikel unseres Grundgesetzes. Der Staat verpflichtet sich, sie zu schützen, und hat entsprechende Gesetzbücher (bis hin zum internationalen Recht) erlassen.

Doch ein Mensch muß sich sein Menschsein nicht beweisen – er *ist* es als Person wert, geachtet zu sein. Niemand lasse den Glauben daran fahren. Niemand! An der armen Magd Maria, die zur »Gottesmutter« wird, macht Luther dies deutlich. (Er schickt eine Auslegung des »Magnifikat« 1521 an den Kurfürsten.)

»Indem die heilige Jungfrau an sich selbst erfahren hat, daß Gott an ihr so große Dinge wirkte, obwohl sie doch gering, unansehnlich, arm und verachtet gewesen ist, lehrt sie der Heilige Geist diese reiche Kunst und Weisheit, daß Gott ein solcher Herr ist, der nichts anderes zu schaffen hat, als nur zu erhöhen, was da niedrig ist, zu erniedrigen, was da hoch ist, also kurz gesagt: zu zerbrechen, was da gemacht ist, und zu machen, was zerbrochen ist … daß er aus dem, was nichts, gering, verachtet, elend, tot ist, etwas Köstliches, Seliges und Lebendiges macht …

›Gott ist der Allerhöchste und sieht herunter auf die Niedrigen, und die Hochgestellten kennt er nur von ferne‹ (Psalm 138,6) … Aber die Welt und die Menschenaugen tun das Gegenteil: die sehen nur über sich und wollen sich um jeden Preis nach oben richten.«

Die zarte Mutter Christi »lehrt uns mit dem Beispiel ihrer Erfahrung und mit Worten, wie man Gott erkennen, lieben und loben soll. Denn weil sie nämlich mit fröhlichem, springlebendigem Geist sich hier rühmt und Gott lobt, er habe sie angesehen, obwohl sie niedrig und nichts gewesen ist, muß man glauben, daß sie arme, verachtete, geringe Eltern gehabt hat.

38 Lucas Cranach d. J.,
Die Anbetung der
Hirten (Ausschnitt)

Sie hat nicht nur für sich selbst, sondern für uns alle gesungen, auf daß wir ihr nachsingen sollen … Ja, es ist auch nicht genug, daß du glaubst, er wolle mit anderen und nicht mit dir große Taten tun und dich somit auf diese Weise von solcher göttlichen Tat ausnehmen, wie die tun, welche Gott nicht fürchten, solange sie mächtig sind, und kleinmütig verzagen, wenn sie in Drangsal kommen.

Denn solcher Glaube ist nichts und ganz tot, gleich einem Wahn, von einem Märchen empfangen. Du mußt dir vielmehr ohne alles Wanken und ohne alles Zweifeln seinen Willen über dich vor Augen stellen, so daß du fest glaubst, er wird und will auch mit dir große Dinge tun. Dieser Glaube lebt und bewegt sich. Er dringt durch und ändert den ganzen Menschen.

Aber die Eigennützigen und Selbstsüchtigen sehen krumm und scheel, wenn sie gewahr werden, daß sie nicht am höchsten und besten mit den Gütern dran sind, murren statt zu loben, daß sie anderen gleich sind …

Ein Vogel singt und ist fröhlich in dem, was er kann, und murrt nicht, weil er nicht sprechen kann. Ein Hund springt fröhlich und ist zufrieden, obgleich er nicht die Gabe der Vernunft besitzt. Alle Tiere lassen sich's genügen und dienen Gott mit Liebe und Lob. Nur das trügerische, eigennützige Auge des Menschen ist unersättlich. Es kommt wegen seiner Undankbarkeit und seines Hochmuts nicht wirklich dazu, daß es gesättigt werden kann. Es will obenan sitzen und der Beste sein. Es will nicht Gott ehren, sondern von ihm geehrt sein.

Der böse Geist hat ein leckerhaftes Maul, frißt gern das Allerbeste, das Appetitlichste, das Auserwählteste wie der Bär den Honig. Darum sind die Gelehrten, die heiligen Heuchler, die großen Herren und die Reichen, des Teufels Leckerbissen. Hingegen was die Welt verwirft, die Armen, die Niedrigen, Einfältigen, Geringen und Verachteten, erwählt Gott.«

Hier haben wir »die ganze Theologie« Luthers vor uns. Gott erhöht uns. Er ist bei denen, die »in der Welt« niedrig sind. Die aus der Niedrigkeit erhobene Maria bringt das Höchste zur Welt: das Kind, auf dem der ganze Segen Gottes ruht und durch das alle selig werden sollen, die daran glauben. Aber es geht eben nicht um Maria allein, Maria ist ein Beispiel. *Jedem* hat Gott eine besondere Gnadengabe zugewandt! In diesem Glauben, mit diesem unermeßlichen Grundvertrauen handelt der Mensch. Zuversichtlich tut er etwas Richtiges, Gutes, Zuträgliches, Nützliches. Er tut es in Freiheit, nicht in Angst, nicht auf Lohn hin, sondern vom Geschenk her. Luther schreibt: »Der Glaube bringt alsbald die Liebe, den Frieden, die Freude und die Hoffnung mit. In diesem Glauben werden alle Werte gleich, und es ist eines wie das andere; aller Unterschied zwischen den Werken fällt fort, sie mögen groß, klein, kurz, lang, viel oder wenig sein. Ein Christ tut, was ihm vor die Hand kommt, das tut er und alles ist wohlgetan.«

So ist der Christ gesinnt. Es ist die Gesinnung eines Freigesprochenen. Luther fährt fort: »So weiß auch ein Christ, der Gott gegenüber in dieser Zuversicht lebt, alle Dinge, vermag alle Dinge, traut sich alle Dinge zu, die zu tun sind, und tut alles fröhlich und frei, nicht um viel gute Verdienste und Werke zu sammeln, sondern weil's ihm eine Lust ist, Gott auf diese Weise zu gefallen, und dient Gott ganz umsonst, damit zufrieden, daß es Gott gefällt.«

Dem Urtext auf den Grund sehen, dem Volke aufs Maul schauen Luthers Bibelübersetzung

1521/22 übersetzt Luther in seinem Versteck auf der Wartburg das Neue Testament. Im September 1522 wird es in Wittenberg gedruckt und findet reißenden Absatz und schnelle Verbreitung. Erst 1534 erscheint die Übertragung der gesamten Heiligen Schrift. Sie ist ein Gemeinschaftsprodukt unter Federführung Luthers und tatkräftiger Mithilfe von Philipp Melanchthon und Justus Jonas und anderen Wittenberger Kollegen.

Was ist das Besondere an dieser Übersetzung und von welchen Prinzipien ließ Luther sich dabei leiten?

Wortinhalt und Wortgestalt müssen eine Einheit bilden, damit ganzheitliches Verstehen möglich ist. Luther hat nach dem Wort gesucht, das trifft, und an Worten gefeilt. Er verstand sich lebenslang als Schüler der Schrift – und wurde so und nur so – zu einem Lehrer der Schrift. Seine außerordentliche Sprachbegabung und poetische Kraft sind bis heute unübertroffen, in seinen Texten fügen sich Sinnlichkeit und Geistigkeit zu einer beglückenden Einheit.

Besonders ans Herz gewachsen sind ihm die Psalmen. »Ein jeglicher kann Worte darin finden, die sich auf seine Sachen reimen. Ja, Du wirst auch Dich selbst drinnen und das rechte ›Erkenne dich selbst‹, dazu Gott selbst und alle Kreaturen kannst Du drin finden.« Der Bibel durch Sprache und Mitsprechen verwandt werden, sich ihr einverleiben, daraus Leben schöpfen – das war das Ziel seiner Übersetzung, gewonnen aus eigener Erfahrung.

Psalm 126 übersetzt Luther: »Die mit Tränen säen, werden mit Freude ernten.« In einer (gelungenen) Neuübersetzung steht. »Wer mit Tränen sät, kann mit Freuden ernten.« Das ist der feine Unterschied zwischen Poesie und Mitteilung. »Wenn der Herr die Gefangenen Zions erlösen wird, so werden wir sein wie die Träumenden. Dann wird unser Mund voll Lachens und unsere Zunge voll Rühmens sein.« Eine moderne Übersetzung faßt das in die Worte: »Es wird uns vorkommen wie ein Traum, und unser Mund wird sich mit Lachen füllen und unsere Zunge wird verzückt jubeln.«

»Sie gehen hin und weinen, streuen ihren Samen und kommen mit Freuden und bringen ihre Garben.« »Weinen« und »Freuden« entsprechen einander in Halbreimen. Ebenso kunstvoll sind die anderen Entsprechungen: Samen – Garben, Weinen – Streuen, Kommen – Bringen. In der neuen Übersetzung: »Wir sind weinend weggezogen und haben die Saat ausgestreut: wir kommen jubelnd zurück und richten unsere Garben auf.« Hier zeigt sich der Unterschied zwischen direkter und erklärender Poesie.

Im Psalm 85 heißt es: »Daß uns auch der Herr Gutes tue, und unser Land seine Frucht gebe.« Eine Übersetzung sagt: »Der Herr wird uns Glück verleihen, unser Acker wird vollen Ertrag bringen.« Das ist zwar sachlich völlig richtig, da es um den Acker und um den Ertrag geht, also um die »Produktionssteigerung«, doch Luther weist uns auf viel mehr als auf den »Ertrag«.

Manchmal geht es mit ihm durch. An der kurzen Auslegung des Psalmwortes »Wirf Dein Anliegen auf den Herrn. Er wird Dich versorgen.« mag das deutlich werden. Dort heißt es: »Ach, wer dieses Werfen wohl lernen könnte, der würde erfahren, daß es gewiß also sei. Wer aber nicht lernt solches Werfen, der muß bleiben ein verworfen, zerworfen, unterworfen, abgeworfen und umgeworfener Mensch.« Das ist Wortspiel mit starken und schönen Verben in deutscher Sprache, aber es ist nicht nur eine Summierung von Gleichem, denn jedes Wort »sagt« etwas.

Das Natürlichste wird ihm zum Kunstvollen: »Es ging ein Sämann aus, zu säen seinen Samen.« Oder: »Lasset euer Licht leuchten vor den Leuten.« Eine Drohrede übersetzt er so: »Nein, auf Rossen wollen wir dahinfliegen, sprecht ihr. Darum werdet ihr dahinfliehen. Und auf Rennern wollen wir reiten, sprecht ihr. Darum werden euch eure Verfolger überrennen.« Der Inhalt der Prophetie wird sprachlich verstärkt: der Irrtum wird in eine Lautverschiebung gefaßt: dahinfliegen – dahinfliehen; Lautverschiebung wird zur tragischen Wirklichkeitsdifferenz: Macht euch den Irrtum eurer Rüstung klar! Das war 700 Jahre vor der Zeitrechnung. Luther übersetzt so, daß es jetzt verstanden werden kann.

»Aber die auf den Herren harren, kriegen neue Kraft, daß sie auffahren mit Flügeln wie Adler, daß sie laufen und nicht matt werden, dass sie wandeln und nicht müde werden.« (Jesaja 40,31) Herren – harren, kriegen – Kraft. Wir könnten auch sagen: »Die auf den Herrn warten, werden wieder stark, damit sie wie Adler fliegen können.« Das wäre bloße Mitteilung. Luther schafft große Poesie.

Der Psalm 90 schließt mit dem Satz: »Und der Herr, unser Gott, sei uns freundlich und fördere das Werk unserer Hände bei uns. Ja, das Werk unserer Hände wollest du fördern.« Diese feierliche, verstärkende Wiederholung hebt das »Werk unserer Hände« hervor. In einer neueren Übersetzung hört sich das so an: »Lasse unsere Arbeit gelingen.« Welcher Unterschied

ORAVIT, DOCVIT, CHRISTVS, FIT VICTIMA, VICTOR

Das newe Testament.
auffs new zugericht.

Doct: Mart: Luth:
Witeberg.
Gedruckt durch Hans Lufft.
1 5 4 6.

zwischen »Werk unsrer Hände« als Ausdruck für lebenumfassendes Tun und »Arbeit«!

Luther geht mit Vokalen virtuos um. »Denn tausend Jahre sind vor dir wie der Tag, der gestern vergangen ist, und wie eine Nachtwache. Du lässest sie dahinfahren wie einen Strom, sie sind wie ein Schlaf, wie ein Gras, das am Morgen noch sproßt, das am Morgen blüht und sproßt und des Abends welkt und verdorrt. Das macht dein Zorn, daß wir so vergehen.« Man beachte die Reihung des A und des O. Er stellt mit diesem Gegenüber eine melodische Spannung her, die gleichzeitig die Spannung der benannten Wirklichkeit heraufbeschwört.

Luther hat den Tiefensinn von Vokalen erkannt, wenn er die Abendmahlsworte übersetzt. »In der Nacht, da er verraten ward, nahm er das Brot, dankte, brach's, gab's seinen Jüngern und sprach: ›Nehmet und esset, das ist mein Leib.‹« Die lange Kette der A's ist Ausdruck des Erhabenen, Herrlichen, Machtvollen. Und was heute altertümlich wirkt, gehört zum Sprachrhythmus: »Nehmet, esset.« Schließlich das weiche »ei« in »mein Leib«. Schütz und Bach nehmen die Musikalität der Sprache Luthers wunderbar in ihre Musik auf.

Ein Beispiel für Pamphletpoesie. »So hat der Herr gesprochen: Weil die Töchter Zions stolz sind und gehen mit aufgerecktem Halse und mit lüsternen Augen, trippeln daher und tänzeln und haben kostbare Schuhe an ihren Füßen, deshalb wird der Herr den Scheitel der Töchter Zions kahl machen und der Herr wird ihre Schläfe entblößen. Zu der Zeit wird der Herr den Schmuck von den kostbaren Schuhen wegnehmen und die Stirnbänder, die Spangen, die Ohrringe, die Armspangen, die Schleier, die Hauben, die Schrittkettchen, die Gürtel, die Riechfläschchen, die Amulette, die Fingerringe, die Nasenringe, die Feierkleider, die Mäntel, die Tücher, die Täschchen, die Spiegel, die Hemden, die Kopftücher, die Überwürfe. Und es wird Gestank statt Wohlgeruch sein und ein Strick anstatt eines Gürtels und eine Glatze statt lockigen Haars und statt des Prachtgewands ein Sack, Brandmal statt Schönheit.« (Jesaja 3,16–22)

Sodann die Weherufe über die Männer: »Weh denen, die des Morgens früh auf sind, dem Saufen nachzugehen, und sitzen bis in die Nacht, daß

Die Bibelübersetzung 89

sie der Wein erhitzt … Weh denen, die das Unrecht herbeiziehen mit Stricken der Lüge und die Sünde mit Wagenseilen. Weh denen, die Böses gut und Gutes böse nennen, die aus Finsternis Licht und aus Licht Finsternis machen, die aus sauer süß und aus süß sauer machen!« (Jesaja 5,11.18.20) Goethe meinte, er »würde es allenfalls etwas zarter machen als Luther«.

Wie lieblich kann die Poesie Luthers sein! »Fürchte dich nicht, du Würmlein Jakob, du armer Haufe Israel.« Welche mitschwingende Liebenswürdigkeit, Sprache gewordenes Mitgefühl.

Eigenes Erleben, am eigenen Leibe erfahrene Angst und geschenktes Vertrauen werden zur existentiellen Voraussetzung des Übersetzens. Philologisch und theologisch sorgsam hat er gearbeitet. Aber er hat vor allem mit dem Herzen geschrieben. »Es gehört ein recht fromm, fleißig, furchtsam, christlich, gelehrt, erfahren Herz zum Dolmetschen.« Luther hat seine Übersetzung nicht bloß erdacht und aus Worten und Wendungen kühl das Richtige ausgewählt, sondern er hat alles erlebt, erlitten, erbeten und erhofft. Deutlich soll werden: »Meine Sache wird verhandelt. Um dich geht es. Du bist der Mann.«

Die volkstümliche Legende, das Geheimnis der Übersetzung Luthers habe eigentlich darin gelegen, daß er »dem Volk aufs Maul« schaute, kennt fast jeder. Luther fand zielsicher den direkten Sinn und den Hintersinn der Alltagssprache heraus. Für ihn gab es zunächst nichts Banales. Das Konkrete verweist bei ihm auf Allgemeines, das Einzelne auf ein Ganzes, das mir Geschehene auf ein alle Betreffendes. Die Worte müssen klingen, die Sätze müssen fließen, die Sache muß zu Herzen gehen. Luther versteht das Evangelium als eine viva vox, eine lebendige Stimme. Er übersetzt nicht Wort für Wort oder ein Dokument in eine andere Sprache, sondern er sucht die Stimme, aus der und in der geredet wurde, damit die, die es fortan lesen, die Stimme hören, die jetzt zu ihnen spricht. Die Bibel, das sind keine toten Buchstaben, sie ist heutiger Zuruf. Als er die Bibel verdeutscht, hat er sich Satz für Satz laut vorgesprochen und die Texte mit einem sicheren rhythmischen und melodischen Gefühl überprüft, bis er zu einem sinnentsprechenden Wohllaut gelangte.

In einer Tischrede bestreitet er, eine eigene, sonderliche Sprache zu haben; er »gebrauche der gemeinen deutschen Sprache, daß mich beide, Ober- und Niederländer, verstehen mögen. Ich rede nach der sächsischen Kanzlei, welcher nachfolgen alle Könige und Fürsten Deutschlands.« So fand er die Mitte zwischen den harten Dialekten der Deutschen. Er ist überall verstanden worden, im Effekt kam so die neu-hochdeutsche Sprache zustande. Daß Luther die deutsche Sprache »geschaffen« habe, ist wiederum eine Legende. Er hat die Sprachentwicklung der Deutschen gefördert. Durch die Verbreitung der Bibel ist es zu dieser Luther-Deutsch-Sprache gekommen, schon 1531 schöpft der erste deutsche Grammatiker aus seiner Übersetzung. Herder erklärt, Luther habe die deutsche Sprache, einen schlafenden Riesen, aufgeweckt und losgebunden.

Luther hat zwar nach der sächsischen Kanzleisprache gesprochen, aber, so gut es ging, die »Hof-« und »Schloßwörter« gemieden und damit die Sprache der Leute, die *über* dem Volk stehen. »Dieses Buch will nur auf gemeine und einfältige Art erklärt sein.« Keine Sprache derer »da oben«. Nicht die ausgehöhlte Lehrsprache, die ausgeschossenen Worthülsen der Kirchenklassiker, sondern Funke des Geistes! Nicht des Geistes der Gelehrsamkeit, sondern des Geistes des Lebens.

Luther wollte »deutsch reden« und hat seinen Kritikern zugerufen: »Wer hier zu kritisieren hat, mache es besser.«

Der Sprachphilosoph Hamann urteilte im 18. Jahrhundert: »Was für eine Schande für unsere Zeit, daß der Geist dieses Mannes, der unsere Kirche gegründet, so unter der Asche liegt. Was für eine Gewalt der Beredsamkeit, was für ein Geist der Auslegung, was für ein Prophet.« Friedrich Nietzsche bekannte neidlos: »Die Bibel war bisher das beste deutsche Buch. Gegen Luthers Bibel gehalten, ist fast alles andere nur Literatur.«

Tritt frisch auf!
Das Predigtamt

In seiner Auslegung der Bergpredigt (Matthäus 5,1) interpretiert Luther im Herbst 1530 den ersten Satz: »Da Jesus das Volk sah, ging er auf einen Berg und setzte sich und seine Jünger traten zu ihm. Und er tat seinen Mund auf, lehrte sie und sprach‹. Hier macht der Evangelist eine Vorrede und eine Beschreibung, wie sich Christus zu der Predigt, die er halten wollte, hingestellt hat, daß er auf einen Berg geht und sich setzt und seinen Mund auftut, damit man sieht, daß es ihm Ernst ist. Denn das sind die drei Stücke, die – wie man sagt – zu einem guten Prediger gehören. Zum Ersten, daß er auftritt, zum Zweiten, daß er den Mund auftut und etwas sagt, und zum Dritten, daß er auch aufhören kann.«

Der letzte Satz wird in einer vergröberten Form überliefert: »Tritt frisch auf! Machs Maul auf! Hör bald auf!«

Das Predigtamt ist Luther das wichtigste Amt in der Kirche: Einer soll dem anderen das Wort Gottes so auslegen, daß sie beide darüber froh werden. Der Prediger möge auf niemanden Rücksicht nehmen, keinen schonen, welche Person es auch treffe oder um welche Sache es auch gehe.

Er solle die Wahrheit an den Tag bringen, das Böse strafen und sagen, was täglich zum Nutzen, was zum ewigen Heil gehört, dabei weder hochgelehrt noch geschwätzig-banal werden und das rechte Verhältnis von Lehren und Ermahnen finden. Der Prediger habe niemals seinen eigenen Vorteil zu suchen oder gefällig von der Kanzel herab zu plaudern. Was er sagt, soll bei den Menschen ankommen und wirken.

Zu den Eigenschaften und Tugenden eines guten Predigers gehört für Luther nicht nur, daß »er fein, richtig und ordentlich lehren« könne, sondern auch ein feiner Kopf, eine gute Stimme und ein gutes Gedächtnis, Beredtheit und Fleiß. »Zum Achten soll er Leib und Leben, Gut und Ehre dransetzen. Zum Neunten soll er sich von jedermann lassen vexieren« (zum besten haben lassen). Mit leiser Ironie fügt Luther an, er solle »eine schöne Person sein«, »den die Mägdlein und Fräulein lieb haben können«. Wenn er salbungsvoll, wie ein Schleimer oder honigsüß spreche, erweise

er dem Evangelium den schlechtesten Dienst. »Ein Bienlein ist ein klein Tierlein, macht süß Honig, dennoch hat's einen Stachel. Also hat ein Priester die allerniedlichsten Trostsprüche; doch wenn er aus billigen Ursachen zum Zorn gereizet und getrieben wird, so beißt und sticht er auch die Schuldigen.«

41 Lucas Cranach d. Ä., Predella des Reformationsaltars in der Stadtkirche zu Wittenberg, 1547

Allerdings möge ein Prediger wie ein weltlicher Amtsträger nicht nur darauf sehen, wie er den Leuten gefällt. »Wenn mich alle Leute für einen guten Prediger hielten, so wollte ich nimmermehr Prediger sein.« Natürlich hat auch Luther erfahren, daß die Welt das Predigtamt verlacht und verspottet. Da rät er einfach: »Da lache du auch mit.« Denn Gott selbst sei ein solcher Narr, daß er seine Sache einer menschlichen (Verkündigungs-) Rede anvertraut.

»Wir sollen Säugammen sein, so wie eine Mutter am Kindlein säugt, die babbelt und spielet mit ihrem Kindlein und schenkt ihm aus dem Busen – dazu bedarf sie keines Weins noch Malvasiers dazu, denn wir sind nicht Schenken und Kretzschmar. Ich bin denen sehr feind, die sich in ihren Predigten nach den hohen und gelehrten Zuhörern richten, nicht nach dem gemeinen Volk; das achten sie nicht. Denn mit hohen und prächtigen Worten einherfahren, ärgert und zerbricht mehr, denn daß es bauet. Viel mit wenig Worten fein, kurz anzeigen können, das ist Kunst und große Tugend; Torheit aber ist's, mit viel reden nichts reden.«

Wer am Hofe zu predigen habe, solle flugs schreien und klagen. »Will man einmal nicht hören, daß man noch einmal suppliziere. Denn Bescheidenheit und das Evangelium gehören nicht gen Hofe, sondern man muß böse, unverschämt sein, klagen und geilen. Man muß Mose mit den Hörnern zu Hofe setzen, nicht Christum, der freundlich und gütig ist.«

Also den Oberen soll man ruhig kräftig mit dem Hinweis auf Recht und Gesetz in die Parade fahren, damit diese das freundliche Wort Christi verstehen. Dies sind ganz andere Töne, als man sie vom sogenannten »Fürstenknecht« Luther erwartet.

Jenen, die die vielen Köpfe ängstigen, rät er, niemanden anzusehen, wenn er auf den Predigtstuhl steige, sondern »zu denken, es seien eitle Klötze, die da vor mir stehen, und rede meines Gottes Wort dahin«. Das einfältige Reden sei eine große Kunst, die man von Christus lernen solle, »denn der redete vom Ackerwerk, vom Senfkorn und benutzte viele Gleichnisse aus dem Leben eines Bauern. … Wenn ich auf die Kanzel komme, so gedenke ich nur, den Knechten und Mägden zu predigen. Wenn man aber den Hochverständigen predigen will und eitel Rabinus und Meisterstück herauswerfen, so steht das arme Volk gleich wie eine Kuh!«

Zuweilen muß man dem gemeinen Volk nicht nur aufs Maul schauen, sondern auch einmal aufs Maul hauen. Der »Herr Omnes« ist wetterwendisch. Er läßt sich betören, verführen und betrügen. Prediger brauchen mündig gemachte Hörer, die nicht zu allem »Ja und Amen« sagen, aber auch von ganzem Herzen Amen sagen, wo sie der Sache gewiß geworden sind – durch das Wort Gottes, durch dessen Schärfe *und* Güte.

Vor der Musica flieht der Teufel

Wenn du viel zu tun hast, dann sollst du viel beten – das sagt Luther hinein in die Geschäftigkeit, Hast und Selbstüberanstrengung des Alltags. Der Mensch braucht Geselligkeit und Lebensfreude, Musik und Gesang. Dies waren für den Reformator Gaben Gottes, um eine vom Teufel gewirkte Traurigkeit zu verjagen.

Von den Künsten war ihm die Musik die allerwerteste. Vor allem die Jugend müsse an Musik und andere Künste herangeführt werden, auch damit sie die ganzen Buhl-Lieder und fleischlichen Gesänge loswürde, wie Luther sagt, und das Gute mit Lust in die Herzen einginge. »Ich bin auch nicht der Meinung, daß durchs Evangelium alle Künste zu Boden geschlagen werden und vergehen, wie etliche falsche Eiferer vorgeben, sondern ich möchte alle Künste, besonders die Musik, gerne sehen im Dienste dessen, der sie gegeben und geschaffen hat. Ich bitte deshalb, daß ein jeder fromme Christ sich das gefallen lassen wolle.«

Wenn man zusammen singe und dies bei jedem Einzelnen ganz aus dem Herzen komme, dann tue es in der Seele gut. In einer Vorrede auf alle guten Gesangbücher läßt er 1538 die »Frau Musica« reimen:

Für allen Freuden auf Erden
kann niemand kein feiner werden
denn die ich geb mit meim Singen
und mit manchem süßen Klingen.

Hier kann nicht sein ein böser Mut,
wo da singen Gesellen gut.
Hie bleibt kein Zorn, Zank, Haß noch Neid
weichen muß alles Herzeleid.
Geiz, Sorg und was sonst hart anleiht
fährt hin mit aller Traurigkeit.

Auch ist ein jeder des wol frei,
daß solche Freud keine Sünde sei,
sondern auch Gott viel baß gefällt
denn alle Freud der ganzen Welt.
Dem Teufel sie sein Werk zerstört
und verhindert viel böser Mörd.

Heute würden wir dies als therapeutische, kathartische, sublimierende und friedensstiftende Funktion von Musik bezeichnen.

Wenn Friede ist, regiert die Musik. Und wo keine Musik ist, da hat der Teufel leichtes Spiel. Denn »der Teufel ist ein trauriger Geist und macht traurige Leute, darum kann er Fröhlichkeit nicht leiden. Daher kommt's auch, daß er vor der Musica aufs Weiteste flieht! Er bleibt nicht, wenn man singt, sonderlich geistliche Lieder. Also linderte David dem Saul seine Anfechtung mit seiner Harfen, als ihn der Teufel plagte … Die Musica ist ein herrlich göttlich Geschenk. Ja, Musica ist aller Bewegung des menschlichen Herzens eine Regiererin. Nichts auf Erden ist kräftiger, die Traurigen fröhlich, die Fröhlichen traurig, die Verzagten herzhaftig zu machen, die Hoffärtigen zur Demut zu reizen, den Neid und den Haß zu mindern, denn die Musik.« Kann man Schöneres und Wahreres über die Musik sagen?

Luther preist sowohl das eingängige Volkslied als auch die Musik, die »durch die Kunst geschärft und poliert wird«. Wer zur Musik keine Lust und Liebe habe und durch solch ein Wunderwerk nicht bewegt werde, der müsse »wahrlich ein grober Klotz sein, der nicht wert ist, daß er solche liebliche Musica, sondern indessen eines Dreckpoeten oder der Hunde und Säue Gesang Musica höre«.

Nun freut euch, lieben Christen g'mein,
und laßt uns fröhlich springen
daß wir getrost und all in ein
mit Lust und Liebe singen.

Luther hat sich nicht für einen Poeten gehalten. 36 Lieder sind überliefert
– bis auf zwei sämtlich Zweckdichtungen; der (neue) Glaube sollte singbar werden, im christlichen Hausstand alltäglich gepflegt werden, nachdem dies zuvor im wesentlichen den Mönchen vorbehalten war.

Er dichtet und komponiert Lieder für die Lehre, für den Gottesdienst,
für die geistliche Auseinandersetzung und für den alltäglichen Gebrauch.

Der Kurfürstliche Kapellmeister Johann Walter, der ab 1525 in
Torgau wirkt, wird ein unverzichtbarer Mitarbeiter Luthers bei der
Erschaffung des evangelischen Gemeindeliedes und der Gottesdienst-
ordnung. Er gibt 1524 das erste evangelische Chorbuch heraus.

Die Impulse Luthers begründen die Tradition des evangelischen Kir-
chenliedes und die Bedeutung, die die Musik in evangelischen Gottesdiens-
ten spielen sollte – speziell durch Textdichter wie Paul Gerhardt, Matthias
Claudius und Komponisten wie Heinrich Schütz und Johann Sebastian
Bach. Was an feierlicher und die Sinne ansprechender Gottesdienst-
gestaltung bei den Katholiken durch prächtige Gewänder, Weihrauch etc.
bei Hochämtern der Geistlichkeit inszeniert wird, ersetzen Protestanten
durch ihre Musik, insbesondere das Kirchenlied – und die Orgel.

Zentrale Erkenntnisse seiner »inneren Befreiungstheologie« faßt
Luther speziell in das Lied »Aus tiefer Not schrei ich zu dir«. Zu jedem
großen christlichen Fest hat er mindestens ein Lied gedichtet, sodann zu
Taufe, Abendmahl, zu den Zehn Geboten und den Psalmen. Wie sehr der
nach innen gewendete Glaube – nicht äußerer Ritus – einen Christen ausmacht, demonstriert sein Vaterunser-Lied.

Vater unser im Himmelreich,
der du uns alle heißest gleich
Brüder sein und dich rufen an

und willst das Beten von uns han:
gib, daß nicht bet allein der Mund,
hilf, daß es geh von Herzensgrund.

»Ein Kinderlied wider die zween Erzfeinde Christi« ist später verallge-
meinert worden. Bei Luther heißt es:

Erhalt uns, Herr,
bei deinem Wort
und steure des Papsts und Türken Mord,
die Jesum Christum, deinen Sohn,
wollten stürzen von deinem Thron.

Und später »und steure deiner Feinde Mord«. So ist das Lied selbst für
Katholiken singbar! Dieses protestantische Kampflied ist genauso wie die
»Marseillaise der Reformation« (Friedrich Engels) »Ein feste Burg« ein
stärkendes Vertrauenslied.

Ein feste Burg ist unser Gott,
ein gute Wehr und Waffen.
Er hielt uns frei aus aller Not,
die uns jetzt hat betroffen.

Es finden sich unter Luthers Liedgut schließlich Reimereien zur Erziehung, zum Familien- und Berufsleben und andere Gelegenheitsverse.

Denn Heuchelmann
und Spötterzahn
ist itzt zu Hof am besten dran.

Man muß sich Martin Luther als einen singenden Menschen vorstellen – wie man sich (nach Camus) Sisyphos als einen glücklichen Menschen vorstellen muß ...

Wer seiner Zunge ein Meister ist
Der Erzähler Luther

L uther ist ein Mann der einfachen und bildhaften Sprache. Das hat
ihn populär gemacht. Bisweilen wird er heftig und deftig, dann wieder sehr bedachtsam, feinsinnig. Alltägliches und Geistliches führt er in
seiner Rede untrennbar zusammen. Seine Fabeln wie seine anekdotischen
Tischreden zeigen, daß dieser Mann mitten im Leben gestanden hat.
Motiven des antiken Fabeldichters Äsop etwa fügt er eine Nutzanwendung für das einfache Volk an.

Vom Hunde im Wasser

Es lief ein Hund durch einen Wasserstrom und hatte ein Stück Fleisch im
Maul. Als er aber den Schemen (das Spiegelbild) vom Fleisch im Wasser
sah, wähnte er, es wäre auch Fleisch und schnappte gierig danach. Da er
aber das Maul auftat, entfiel ihm das Stück Fleisch, und das Wasser führte
es weg. Also verlor er beide, das Fleisch und den Schemen.

Lehre: Man soll sich begnügen lassen an dem, was Gott gibt. Wer das
Wenige verschmäht, dem wird das Größere nicht. Wer zu viel haben will,
der behält zuletzt nichts. Mancher verliert das Gewisse über dem Ungewissen.

Vom Wolf und Lämmlein

Ein Wolf und ein Lämmlein kamen von ungefähr beide an einen Bach zu
trinken. Der Wolf trank oben am Bach, das Lämmlein aber fern unten.
Da der Wolf des Lämmleins gewahr wurde, lief er zu ihm und sprach:
»Warum trübest du mir das Wasser, daß ich nicht trinken kann?«

Das Lämmlein antwortet: »Wie kann ich dir's Wasser trüben, trinkest
du doch über mir und vermöchtest es mir wohl zu trüben?«

Der Wolf sprach: »Wie? Fluchest mir noch dazu?«

Das Lämmlein antwortet: »Ich fluche dir nicht.«

Der Wolf sprach: »Ja, dein Vater tat mir vor sechs Monden auch ein
Solches, du willst es ihm gleichtun.«

44 Lucas Cranach d.Ä.,
Martin Luther. Öl auf
Holz, 1525

Das Lämmlein antwortet: »Bin ich doch dazumal nicht geboren gewesen, wie soll ich meines Vaters entgelten?«

Der Wolf sprach: »So hast du mir aber meine Wiesen und Äcker abgenaget und verdorben.«

Das Lämmlein antwortet: »Wie ist das möglich? Hab ich doch noch keine Zähne.«

»Ei«, sprach der Wolf, »und wenn du gleich viel ausreden und schwätzen willst, will ich dennoch heute nicht ungefressen bleiben.«

Und würget also das unschuldige Lämmlein und fraß es.

Lehre: Der Welt Lauf ist, wer fromm sein will, der muß leiden, sollt man eine Sache vom alten Zaun brechen. Denn Gewalt gehet vor Recht. Wenn man dem Hund so will, so hat er das Leder gefressen. Wenn der Wolf will, so ist das Lamm im Unrecht.

Vom Frosch und der Maus

Eine Maus wäre gern über ein Wasser gewesen und konnte nicht und bat einen Frosch um Rat und Hilfe. Der Frosch war ein Schalk und sprach zur Maus: »Binde deinen Fuß an meinen Fuß, so will ich schwimmen und dich hinüberziehen!«

Da sie aber aufs Wasser kamen, tauchet der Frosch hinunter und wollt die Maus ertränken. Indem aber die Maus sich wehret und arbeitet, flieget eine Weihe daher und erhaschet die Maus, zieht den Frosch auch mit heraus und frisset sie beide.

Lehre: Sieh dich vor, mit wem du handelst. Die Welt ist falsch und untreuvoll, denn welcher Freund den Anderen vermag, der steckt ihn in Sack. Doch schlägt Untreu allzeit ihren eigenen Herrn, wie dem Frosch hier geschieht.

Vom Esel und dem Löwen

Der Esel ward auch einmal übermütig, und als er einem Löwen begegnete, grüßet er ihn höhnisch und sprach: »Ich grüße dich, Bruder.«

Den Löwen verdroß der höhnische Gruß, dacht aber bei sich selbst: Was soll ich mich an dem Schelmen rächen. Ich schelte oder zerreiße ihn, so lege ich keine Ehre ein. Ich will den Narren fahren lassen.

Lehre: Wer mit einem Dreck rammelt, er gewinne oder verliere, so geht er beschissen davon.

Für Luthers Vermögen, alltägliche Vorgänge zu beobachten und in einer bildhaft-sinnlichen Sprache wiederzugeben, gibt es unzählige Beispiele, bisweilen recht skurrile. So plaudert er einmal: »Die Gerste muß viel leiden von Leuten. Denn erstlich wird's in die Erde geworfen, daß sie verweset. Wenn sie nu gewachsen und reif worden ist, schneidt oder heuet man sie abe. Darnach drischt und quellt man sie ein, dörret und kocht Bier oder Konfent draus, das wird von Bauern gesoffen und wiedergegeben unten und oben und an die Zäune gepinkelt.

Desgleichen Märtyrer ist der Lein oder Flachs auch. Wenn er reif ist, so räuft, röstet, dörret, bläuet, brecht, hechelt, spinnet, wirket man ihn und machet Leinwand draus zu Hemden und Kitteln etc., die werden zurissen. Darnach braucht man's zum Wischen, schmieret Pflaster drauf, die legt man auf die Wunden und Schwären. Item (ebenso) die Lumpen nimmt man draus, legt sie in Stämpfel auf der Papiermühl, zerstößts klein. Daraus macht man Papier zu Kartenspiel, zum Schreiben, zu Drucken. Das Papier wird zurissen und zun allergeringsten Werken gebraucht.

Diese und dergleichen viel Kreaturen, davon wir viel Nutzen haben, müssen sich leiden. Also müssen alle Gottseligen und fromme Christen viel leiden …«

Ein kaum überbietbarer Sprachgenuß! Da gibt ein Wort das andere.

Es wird berichtet, wie Luther mit seinem Hund spielte. Dabei habe er gesagt: »Der Hund ist das allertreueste Tier, und er würde als sehr wertvoll gelten, wenn er nicht häufig wäre. Unser Herrgott hat die größten Gaben am gemeinsten gemacht. Das Vortrefflichste, was allen Lebewesen gegeben ist, sind die Augen. Die kleinen Vöglein haben ganz besonders klare Augen, wie Sternlein. Sie sehen eine Fliege einer Stuben lang. Aber wir erkennen solche Gaben nicht, weil sie zu alltäglich sind. Wir sind Hanswurste. Doch im zukünftigen Leben werden sie sehen. Da wollen wir den Vögeln mit hellen Augen selber machen.«

Was ihn aufregt, regt ihn an. So verrät er: »Niemals geht mir Beten, Predigen, Schreiben besser vonstatten, als wenn ich zornig bin. Denn Zorn erfrischt mir mein ganz Geblüt, schärft den Geist, vertreibt die Anfechtungen.«

Zugleich kann er nicht genug staunen über ein einziges Blümchen.

»Als Luther die Veilchen blühen sah, sagte er: Was gibt man unserm Herrgott um die Blümlin? Schelten, Lästern, Schänden! Und das Erstsommerblümlin ist himmelblau. Der Türk, noch der Kaiser vermöchtens nicht mit aller ihrer Macht bezahlen.«

Oder er spricht ganz schlicht und konkret aus, was heute angesichts der ökologischen Bedrohungen Ehrfurcht vor dem Leben heißt:

»Ein Baum, davon man Schatten hat, davor soll man sich verneigen.«

Unzählige seiner Aussprüche sind sprichwörtliche Reden geworden:

Die Gelehrten, die Verkehrten.

Mancher, der übel von Weibern redet, weiß nicht, was seine Mutter tat.

Herrengnade: Aprilwetter; Frauengunst: Aprilwetter

Wer flüchtet, den jagt man.

Wer den andern jagt, wird auch müde.

Stille Wasser sind tief.

Er hat Hummeln im Arsch.

Er hat Grillen im Kopf.

Der Vogel singt, wie ihm der Schnabel gewachsen ist.

Wer die Nase in alle Winkel steckt, klemmt sich leicht.

Hüte dich vor Katzen – vorne lecken, hinten kratzen.

Wer bei den Wölfen sein will, muß mit ihnen heulen.

Alter hilft nicht vor Torheit.

Luther sammelt und formuliert solche Erfahrungssätze. Wer versteht, was im Leben vorgeht und warum es so geht, kann es besser bestehen. Und je einprägsamer, desto hilfreicher.

Die Sache mit der Obrigkeit

Jedermann sei Untertan der Oberkeit, die Gewalt über ihn hat. Denn es ist keine Oberkeit ohne von Gott.« So steht es im Römerbrief des Paulus Kapitel 13. »Man muß Gott mehr gehorchen, denn den Menschen.« So steht es in der Apostelgeschichte Kapitel 5. In diesem Verhältnis steht der Christ zu jeglicher staatlichen Gewalt und Ordnung. Der Konflikt ist nicht generell auflösbar. Die individuelle Entscheidung jedes einzelnen Christen ist stets neu gefragt. Wie aber stehen Kirche und Staat in ihren jeweiligen Mandaten zueinander? Welche Form der gegenseitigen Einmischung ist zulässig, ja nötig?

»Soldaten sind Mörder.«

Kurt Tucholsky hat 1931 – rückblickend auf das Schlachte-Feld vor Verdun – unter der Überschrift »Der bewachte Kriegsschauplatz« geschrieben: »Da gab es vier Jahre lang ganze Quadratmeilen Landes, auf denen war der Mord obligatorisch, während er eine halbe Stunde davon entfernt ebenso streng verboten war. Sagte ich: Mord? Natürlich Mord. Soldaten sind Mörder. Es ist ungemein bezeichnend, daß sich neulich ein sich sicherlich anständig findender protestantischer Geistlicher gegen den Vorwurf gewehrt hat, die Soldaten Mörder genannt zu haben, denn in seinen Kreisen gilt das als Vorwurf … Die Gendarmen aller Länder hätten und haben Deserteure niedergeschossen. Sie mordeten also, weil einer sich weigerte, weiterhin zu morden. Und sperrten den Kriegsschauplatz ab, denn Ordnung muß sein, Ruhe, Ordnung und die Zivilisation der christlichen Staaten.«

Hier liegt das ganze Dilemma der lutherischen Zwei-Regimenter-Lehre vor uns. Der Christ als einzelner und als Christ darf nicht töten, auch nicht als Staatsbürger, aber auf Anweisung *muß* er es tun. Ist er im ersten Fall ein Mörder, so erfüllt er im zweiten Fall seine Pflicht. Soldaten sind staatlich legitimierte Mörder, die in höherem Auftrag und im höchsten Interesse guten Gewissens morden. Denn: »Wo gut Gewissen ist, da ist auch großer Mut und keckes Herz … Wenn man sagt, daß Krieg eine große Plage sei, dann ist das wahr. Aber man sollte auch daneben ansehen, wieviel mal größer die Plage ist, der man mit Kriegführen wehrt.« Luther unterscheidet den Lustkrieg und den Notkrieg. »Laßt euch sagen, lieben Herren: Hütet euch vor Krieg, es sei denn, daß ihr euch wehren und schützen müßt.« Wenn dieser Fall gegeben ist, dann führt nicht Menschenhand, sondern Gottes Hand das Schwert: »Gott hänget, rädert, enthauptet, würget und führt Krieg. Es sind alles seine Werke und seine Gerichte.« Wir wissen, wohin solche Haltung führen kann. Man braucht nur ein Ziel vorzugeben, einen Grund vorzutäuschen (ob Gleiwitz, das »Weltjudentum« oder den »Weltbolschewismus« – heute sind es behauptete »KZs« in Priština oder Massenvernichtungsmittel in den Händen von »Schurken«), und es kommt zur destruktiven Kraftentladung mit allem Mut, allem organisatorischen Geschick und aller technischen Perfektion.

Ungehorsam, Befehlsverweigerung, Widerstandsrecht gelten im lutherisch geprägten Protestantismus als Übel und Verletzung von heiligen vaterländischen Pflichten. Diese Tradition des vergöttlichten Würgeamts, um Schlimmerem zu wehren, hat sich im preußischen Pflichtgefühl fortgesetzt, das nicht an moralische Kriterien gebunden ist, sondern an die übernommene Verpflichtung, Amt und Eid für das Höchste zu halten. Nichts anderes vollzieht sich heute, wenn amerikanische Soldaten im »Befreiungskrieg« im Irak nicht nur den Entscheidungen, Befehlen und Zielen, sondern auch ihrem Präsidenten »vertrauensvoll« folgen, alle Weisungen mitsamt technischer Überlegenheit ausführen und auf einer patriotischen Welle getragen werden. Jedes Abweichen von der Staatsräson wird als Nestbeschmutzung, als antipatriotische und antiamerikanische Haltung diffamiert. Das Gebet wird auf dem Schlachtfeld reinstalliert – als Bitte um die Erhaltung des eigenen Lebens. So läßt sich auch christliche Religion wieder für politische Interessen nutzen oder gar instrumentalisieren – erst recht dann, wenn höhere Ziele fürs Kriegführen vorgegeben werden: Freiheit und Menschenrechte als oberste und weltweit durchzusetzende Werte.

Auch demokratische Staaten mit einer erprobten Gewaltenteilung können Krieg führen und Recht beugen und sich dabei durch Wahlen und Umfragen legitimieren lassen.

Luther ist ganz und gar der mittelalterlichen Ständegesellschaft mit Fürsten, Königen und Kaisern verhaftet. Wie eine »Obrigkeit« zustande kommt und welche Legitimation sie durch den Willen der Menschen hat, liegt außerhalb seines Fragehorizonts. Sie ist einfach vorgegeben. Sie hat ihre Aufgabe von Gott selbst. Weltliche Gewalt, nichtchristliche Herrschaft und Predigtamt unterstehen dem einen Gott.

Dies hat einen biografischen und historischen Hintergrund: Der durch den übergroßen Gott verängstigte Augustinermönch hat in Wittenberg die schwer errungene, schließlich befreiende Erkenntnis gewonnen, daß man das göttliche Heil nicht durch aufgelistete und vorzeigbare gute Werke erkaufen, sondern sich nur durch ein vorbedingungsloses Vertrauen aneignen kann. Diese Erkenntnis führt ihn zu erbitterter Polemik gegen das Ablaßwesen als eine Form der Verkehrung der Gnadengeschenke Gottes an den Menschen durch Jesus Christus. Luther wird abrupt in die weltlichen Händel gerissen. Er hat einen kleinen Stein ins Wasser geworfen und ein europäisches Beben hervorgerufen.

Aus dem gedrungenen, fistelstimmigen Mönch wird ein Held und Herold aller, die sich von der römischen Kirche und ihren Helfershelfern betrogen fühlen. Die Fürsten meinen, sich mit seiner Hilfe von der Zentralmacht lösen und sich so ganz nebenbei der kirchlichen Reichtümer bemächtigen zu können. Die Armen, vor allem die geknechteten Bauern, hoffen, daß die neue Lehre mit göttlichem Beistand die sozialen und politischen Verhältnisse umwerfe und sie aus der Knechtschaft der Seele und des Leibes befreie. Das städtische Bürgertum atmet auf. Es will sich von jeder (römischen) Bevormundung lösen, sucht geistige, künstlerische und ökonomische Eigenständigkeit. Aus einem Mönchsgezänk wird unversehens ein politischer Aufruhr mit unabsehbaren Folgen. Der geistige Übervater des Humanismus, der vorsichtige Erasmus von

Rotterdam, der vor der Inquisition nach Basel geflohen ist, ahnt schon einen Religionskrieg, der im Dreißigjährigen Krieg Europa verwüsten wird. Kaisertum und Papsttum, ansonsten durchaus in tödlicher Konkurrenz, vereinigen sich in dem Bestreben, diese Sache möglichst lautlos »um die Ecke zu bringen.« Dieses kleine Licht aus Wittenberg soll doch keinen Flächenbrand auslösen! Also auspusten! Sollte er nicht aus Angst oder Einsicht einknicken, muß ein kleiner Scheiterhaufen her. Die Kirche benutzt die weltliche Macht als ihren verlängerten Arm. Genau da setzt Luthers entscheidender Befreiungsschlag an, der so weitreichende Folgen haben sollte: In Glaubensdingen habe der Kaiser nichts zu sagen und in Dingen der staatlichen Gewalt die Kirche nichts. Es gehe um zwei verschiedene, jedoch miteinander verbundene Dinge. Aber *wie* sie unterschieden und wie sie verbunden sind, das macht die ganze innere Zwiespältigkeit und Widersprüchlichkeit Luthers aus. Das sollte in den folgenden Jahrhunderten »von oben« nutzbar und mißbrauchbar werden. Den Fürsten will er die Wahrheit vorhalten und dem Volk Respekt vor der Obrigkeit einflößen. Luther denkt politisch prinzipiell von oben, theologisch von unten her: »ER wird ein Knecht und ich ein Herr. Das mag ein Wechsel sein.«

Er verkündet und preist die innere Befreiung des Menschen, aber er weiß, daß die äußere Gestalt der Welt sich so schnell nicht verändern würde, denn der »Pöbel ist nicht christlich. Könige, Fürsten und Herren müssen das Schwert führen und die Köpfe abhauen. Die Strafe muß bleiben, daß die andern in Furcht gehalten werden, die Frommen das Evangelium hören können und bei ihrer Arbeit ausharren, damit jeder still und ruhig sei.« Wenn alle Christen wären, wäre die Sache klar. Dann brauchte man kein Schwert. Da aber nicht alle mit Ernst Christen sind, ist es nicht möglich, so wie es gänzlich unmöglich ist, in einen Stall Wölfe und Lämmer zusammensperren zu wollen, um ihnen freundlich zu raten: »So, nun vertragt einander.«

Aus der Herrschaft der Kirche über den Staat macht Luther eine Unterscheidung, die später zu einer scharfen Trennung von zwei Lebenskreisen führt, die kaum mehr produktiv aufeinander bezogen sind. Der

AETHERNA IPSE SVAE MENTIS SIMVLACHRA LVTHERVS
EXPRIMIT·AT VVLTVS CERA LVCAE OCCIDVOS·

·M·D·XX·

46 Luther verbrennt
die päpstliche Bulle.
Holzschnitt,
koloriert

Glaube wird zur Sache des Einzelnen und seines Inneren, und das Leben »in der Welt« wird von der Vernunft bestimmt. Die Welt hat ihre eigenen Gesetze, so wie die Kirche ihre Gesetze hat. Beide »Regimente« durchdringen sich nicht mehr, sobald aus dem Verzicht, in den Bereich des anderen hineinzureden, eine strikte Arbeitsteilung wird, die schließlich dazu führt, daß die Kirche der staatlichen Gewalt fromme und ehrbare und vor allem gehorsame Bürger zuführt. Luther beansprucht dennoch ein theologisches Beratungsrecht und äußert sich deshalb dezidiert zu Schulfragen, Eherecht, zu Krieg und Frieden, zu Zins und Wucher. Die von ihm initiierte *religiöse* Demokratie – also die Mitbestimmung aller in der Gemeinde, die Beurteilung der Lehre durch die Gemeinde, die schriftkundig gemacht wird, die Bildung braucht, um die Lehre der Prediger beurteilen zu können – setzt sich *nicht* fort in einer *politischen* Demokratie. Dies hat einen einfachen Grund: Die Obrigkeit ist Gottes Dienerin, und sie kann nicht auf jedermann hören, sondern muß ihres Amtes mit Autorität walten, nämlich Recht setzen (und dafür sorgen, daß es eingehalten wird), den inneren und äußeren Frieden wahren und die Bürger nach innen und außen schützen. Der Staat ist für das *Äußere* zuständig und die Kirche für das *Innere*. Als die von Gott eingesetzte »Obrigkeit« durch ein widerstrebendes Volk gewaltsam abgelöst werden soll, fürchtet Luther die Tyrannei der vielen, die Tyrannei des Herrn »Omnes« und des »Pöbels«. Er steht einer Basisdemokratie im weltlichen Bereich äußerst kritisch gegenüber. So hoch er das Priestertum aller Gläubigen in der christlichen Gemeinde schätzt, so hoch er von jedem einzelnen Menschen in seinem Verhältnis zu Gott denkt, so sehr akzeptiert er die vorgegebenen Machtverhältnisse als Standesverhältnisse, in die der Mensch sich als gottgegebene Verhältnisse einzufügen habe. Um es modern auszudrücken: Er fürchtet eher die Anarchie als die Diktatur. Die Tyrannei der Vielen würde der Tyrannei der Wenigen nicht nur entsprechen, sondern Tyrannei (Chaos, Gesetzlosigkeit, Anarchie der Gewalt) würden sich potenzieren. »Wenn Unrecht erduldet werden soll, dann ist's besser, von der Obrigkeit Unrecht zu leiden, als daß es die Obrigkeit von den Untertanen leide. Denn der Pöbel hat und weiß kein Maß und in einem jeden stecken mehr als fünf Tyrannen. Nun ist's besser, von einem Tyrannen, das heißt von der Obrigkeit, als von unzähligen Tyrannen, das heißt vom Pöbel, Unrecht leiden.«

Die Aufgabe des Christen sei es, mit der Kundgabe der Wahrheit – aber keinesfalls mit Gewalt – den Fürsten ins Gewissen zu reden und gegebenenfalls um der Wahrheit willen zu leiden. Die kritische Stimme ist und bleibt Aufgabe der Kirche als Institution und ist zudem Recht und Aufgabe jedes einzelnen. So hoch Luther von der Sendung der Obrigkeit durch Gott im Anschluß an Römer 13 reden kann, so klar sieht er die Versuchungen der Macht und der Mächtigen. »Ein Fürst ist auch ein Mensch und hat immer zehn Teufel um sich her, wo sonst ein Mensch nur einen hat, daß Gott ihn besonders führen und seine Engel zu ihm schicken muß.« Zum weltlichen Regiment taugten »verständige, weise und beherzte Leute, denen man vertrauen kann, und die auf gemeinsamen Nutz und Gedeihen und nicht auf eigenen Genuß aus sind und nicht ihren Begierden folgen.« Er fragt: »Wieviel aber sind Regenten und Juristen, auch Räte, die daran denken? Sie machen nur eine Hantierung, ein Handwerk aus der Obrigkeit.«

47 Reformatorisches Spottblatt »Der verdiente Lohn für den teuflischen Papst und seine Kardinäle«. Holzschnitt mit handschriftlichem Text, 16. Jahrhundert

TOMAS MVNCER PREDIGER ZV ALSTET IN DVRINGEN.

THOMAS MONETARIUS.

ANno post Christum incarnatum millesimo quingentesimo vigesimo primo & secundo pars quædam pro-dijt hominum seditiosorum, qui occultarum variarumque inter se sectarum autores erant et quorum plu-rimi in Saxonia ad fluvij Salæ ripas habitabant. Mira Somnia et visiones iactabant, seque Dei colloquio clam præmoneri aiebant, et pro divina veritate discipulis suis obtrudebant, se propediem fore conditores et in-choatores novi cuiusdam regni mundani, in quo iustitia vigeret; sed primum opus esse ut omnes increduli prin-cipes, Magistratus, et à sua secta alieni e medio tollerentur.   Ex istorum hominum execranda colluvie prodijt Thomas Monetarius, qui huic igni oleum infudit: nam gladium Gedeonis sibi a Deo traditum esse confidenter affirmabat, quo adversus tyrannos uteretur, et hac viâ circa Mulhusium et Franckhusium maximam Agricola-rum copiam coëgit, qui adversus suos magistratus insurgentes Plurimos nobili genere natos paternis sedibus pel-lebant, eorumque arces, vicos et pagos ferocissimè spoliabant nudabantque. Comes provincialis Hassiæ, et dux Saxoniæ hisce seditionibus perterriti maximas coëgere copias, unoque die circiter quinque millia Agricolarum profligârunt; quod cum Monetarius videret Franchusium confugit, ibique a cuiusdam nobilis ministro in lecto simulans morbum deprehensus est, qui eum stricto gladio nomen suum confiteri coëgit: qua confessione intel-lectâ Monetarius extemplô Vinculis constrictus ad Comitem provincialem perductus est, à quo rigidè exami-natus et interrogatus, quâ de causa miseros homines fefellisset, respondit se exequutum esse ea, quæ Deus iusse-rat. Ob hæc acriter tortus culpam confitebatur veniamque suorum delictorum rogabat: quibus peractis eius caput, ut alijs exemplo terroríque esset, erecto stipiti infixum est.

Da Luther um die innere Verfallenheit des Menschen – seine Sünde – weiß, bleibt er in weltlichen Dingen ein *erbarmungsvoller* Realist, der stets davor warnt, daß der Wunsch zum Vater des politischen Gedankens wird, und sieht, daß gerade die wohlmeinende Utopie in schlimmste Barbarei führen kann. Gleichzeitig preist er die wunderbar-befreiende Kraft der Gnade. Nur irrt er, wenn er zwischen friedfertigen, arg- und selbstlosen Schafen und aggressiven, hinterhältigen und selbstbezogenen Wölfen strikt zu trennen versucht. Wir selbst sind beides: Der eine mehr, die andere weniger. (Die »Achse des Bösen« geht mitten durch uns hindurch, auch durchs Weiße Haus und den Vatikan, erst recht durchs Pentagon und Putins Kreml.)

Auch der Glaubende ist nicht »endgültig« ein anderes, erneuertes Wesen. Das Übel beginnt geradezu, wenn »die Wölfe« immer nur »die anderen« sind, so wie eben die Hölle immer nur die anderen sind, wo der Kampf der Guten das »Böse« ausrotten muß – hier der Terror, dort die Weltmacht.

Luther untergräbt mitunter die ihm eigene Dialektik. Seine »Zwei-Regimenter-Lehre« verlangt Kritik. Wer aus dem Gehorsam der weltlichen Obrigkeit gegenüber ein Prinzip macht, vergißt, daß die staatliche Gewaltausübung funktional und nicht metaphysisch zu verstehen ist. Nur *so weit* Obrigkeit eine das Böse eindämmende Funktion *wahrnimmt*, ist sie von Gott. Sowie das Sein vom Tun getrennt wird, lauert die Gefahr der Rechtfertigung selbst von Staatskriminalität, so daß das Lügen vor aller Welt – etwa zur Rechtfertigung von Kriegen – legitim wird. Eine in Menschenrechtsgrundsätzen verankerte Mitbestimmung und kritische Begleitung mündiger Bürger ist auf nationaler und internationaler Ebene die bisher verläßlichste Gewähr gegen Staatskriminalität, privatisierte Gewalt oder Terror.

Die schiedlich-friedliche Trennung von Staat und Kirche, ein Burgfrieden zwischen Politik und Religion, würde den Glauben schlicht zur »Privatsache« erklären. (Im übrigen durfte ein machthungriger Potentat seinen hingeschlachteten Landeskindern zurufen: »Hunde, wollt ihr denn ewig leben?«) Eine Spätfolge der Trennung war der Grundsatz in der

Seite 110
48 Christoffel van Vichem, Thomas Müntzer. Kupferstich, 1608

DDR-Verfassung von 1968, wonach jeder Bürger das Recht habe, sich »zu einem religiösen Glauben zu bekennen«. Da ging es nicht mehr darum, einen Glauben zu bekennen, sondern sich zu einem Glauben zu bekennen, der mit der Kundgabe in der Öffentlichkeit oder gar mit Relevanz für öffentliche Dinge nichts mehr zu tun hatte.

Wo der Glaube nicht mehr kritische Einrede ist, dort wird er in die Innerlichkeit verbannt und die Welt ihrem Geschick überlassen. Wo der verwandelnde Geist Gottes nicht Menschen verwandelt, die ihre Wandlungen auch in die weltlichen Belange eintragen, bleibt Glaube theologisches Glasperlenspiel. Ein kritisches Verhältnis zur Macht aus der Sicht eines Christen darf aber nicht zu Vorbehalten führen, Verantwortung und zeitweilige Machtfunktionen in einem demokratischen Staat zu übernehmen. Wer handelt, unterliegt besonderen Gefährdungen. Gerade für das Wagnis jedes Tuns, des Abwägens zwischen mehreren (schlechten) Möglichkeiten gilt das kernige Lutherwort: pecca fortiter, crede fortius – sündige kräftig, aber vertraue kräftiger. Das heißt eben nicht: skrupellose Durchsetzung eines übertragenen Mandats, das – theologisch verbrämt – über allem Zweifel stehen könnte, sondern Wahrnehmung gegebener Möglichkeiten, mit innerer Gewißheit. Dietrich Bonhoeffer hat protestantisches Ethos in seinem Lebenszeugnis fortgeschrieben: »Nicht im Möglichen schweben, sondern das Wirkliche tapfer ergreifen. Das ist Freiheit.«

Marx hat Luther vorgeworfen, er habe »die Knechtschaft aus Devotion besiegt, weil er die Knechtschaft aus Überzeugung an ihre Stelle gesetzt hat. Er hat den Glauben an die Autorität gebrochen, weil er die Autorität des Glaubens restauriert hat ... Er hat den Leib von der Kette emanzipiert, weil er das Herz in Ketten gelegt.« Ist nicht vielmehr der von innen her befreite Mensch eine Voraussetzung für befreite Verhältnisse? Man denke an Nelson Mandela. Ohne seine beeindruckende Vorbildhaltung wäre es in Südafrika zum Gemetzel gekommen nach so vielen Jahren von Gewalt, Demütigung, Diskriminierung. Bill Clinton sagte zu dessen 85. Geburtstag: »Du hast uns die Freiheit der Vergebung gelehrt und die Macht der Bescheidenheit gezeigt.«

Das Experiment, die Menschheit durch die Diktatur einer Partei zu befreien, ja alle Menschheitsträume ihrer Realisierung zuzuführen, ist gescheitert und zeigt späte barbarische Früchte im tschetschenischen Geiseldrama. Siebzig Jahre »neue Zeit« und nun der Rückfall in archaisches Machtgebaren mit zynischer Vergleichgültigung menschlichen Lebens, auf allen Seiten.

Wie ist solche Obrigkeit zu bewerten? Wieviel Gehorsam sind Soldaten Führern wie Hitler schuldig gewesen? Wieviel waches Gewissen und welcher gewaltige Protest von uns allen ist nötig? Ist das Recht nicht – ethisch einwandfrei und politisch vernünftig – auf seiten der Weißen Rose, des Menschenrechtlers Kowaljow und der Soldatenmütter? Und entspricht nicht ihre Haltung der von Christen viel mehr als der todbringende Gehorsam gegenüber solchen Kanzlern oder Präsidenten? Ihr Mütter, ihr Väter! Sagt NEIN.

Narren soll man nicht über Eier setzen – oder: Was ist von der Obrigkeit zu erwarten

Gebt mir her weise, verständige und erfahrene Männer unter euren Stämmen, die will ich unter euch in Häuptern setzen« (5. Mose 1,13).

Diesen Satz legt Luther auf eine hintergründig-packende und unmittelbare Weise aus: »Woher nimmt man sie? Wo will man sie finden? Es gehört zu einem Amtmanne, daß er weise sei und danach, daß er auch wisse, was sein Amt betreffe und kenne die Rechte und Gesetze, die dazugehören, daß er sie nicht erst lernen müsse, daß er nicht dasitze wie ein Stock und Klotz, denn Narren soll man nicht über Eier setzen; sie zerbrechen dieselbigen. Darum gehören zum Fürsten- und Regierungsstande weise und kluge Leute, welche die Welt sollen regieren. Gewalt und Macht will es nicht tun, sondern Weisheit. Es hat noch nie ein Reich mit Gewalt bestanden, sondern es muß sich mit Weisheit schützen.«

Luther plädiert hier – revolutionär für seine Zeit – für zivile Umgangsformen und für die Stärke des Rechts gegen das Recht der Stärke: »Der Fürst ist eine einzelne Person und hat einen großen, tollen Haufen, bei welchem größere Macht ist denn bei dem Fürsten, seinem Reich oder Regimente. Darum soll das Regiment nicht sein, wo die größte Macht ist, wie die aufrührerischen Bauern meinten. So spricht nun Mose: Schafft mir Leute her, die weise und verständige und erfahrene Leute sind; nicht die starke Fäuste haben, nicht die da Rotten sind, die das Schwert allein führen wollen, sondern es gehören weise Leute dazu, die da regieren nach Gesetzen und Ordnungen, die ihnen vorgegeben sind.«

Zugleich fordert er, der Macht Schranken zu setzen, sowohl den legitimen Herrschern wie den aufrührerischen Bauern, die die bestehende Ordnung delegitimieren wollen. Nicht die starken Fäuste, sondern Ordnungen und Gesetze sollen für alle gelten. Wer ein Amt hat, der soll sich von seinem Verstand leiten lassen und nicht von seinen Emotionen; »als da sind Zorn, Neid, Hoffart, Gunst und nach seinem Dickkopfe fahren«.

Die Rationalität des Handelns bleibt nur dort gewahrt, wo nach Recht und Gesetz und nicht nach dem Prinzip von Vergeltung regiert wird. Bei Streitfällen muß es abwägende Regenten und unparteiische Richter geben.

Luther verweist auf das Alte Testament: »Man solle *eines* Mannes Wort allein nicht hören. Und ein Mensch hat auch nur *einen* Mund und zwei Ohren, daß ein Regent mit einem Ohr den Kläger und mit dem anderen den Verklagten höre; wie der mächtige König Alexander Magnus mit einem Ohr alle Zeit den Kläger hört, und das andere Ohr zugehalten, um hernach des Beklagten Entschuldigung und Verantwortung auch anzuhören.«

Die Geschicke eines Landes, einer Stadt, einer Kommune sollten Leute bestimmen, die für guten Wandel und Leumund bekannt sind. Folge man dieser Regel nicht, mache zum Beispiel Fremde zu Bürgermeistern und Ratsherren, suche man das »Unglück«. »Man nehme dazu die Klügsten und Bekanntesten, es soll dennoch werden wie Gott will, und bedarf dennoch wohl des Glücks. Man soll den Teufel nicht an die Wand malen oder zu Gevatter bitten; er kommt von selber … Denn der Teufel ist ein Vater der Lügen, und wo er einen Regenten kann betören, so tut er es nur gern, wenn er auch der Klügste ist. Es greife ein jeglicher in seinen Busen, der im Regiment ist, und fühle, ob er nicht oft zum Narren geworden ist.«

Regieren könne man eigentlich nur mit Furcht und Zittern. Den Dünkel ehrgeiziger und besserwisserischer Leute verurteilt Luther scharf. Zu viele rühmten sich ihrer Klugheit und seien doch nur »ruhmeifrige, stolze Esel«. Man nehme einen, den man als ehrbar und rechtschaffen erlebt habe, und »lasse den Esel fahren«.

Was wir heute Machtinstinkt und Machtbesessenheit nennen oder geld- und ehrbesessenes Karrierestreben, gab es immer schon. Luther hat die Politikinszenierungen durchschaut. »Es ist ein toll Ding um einen solchen, der gerne regiert, denn er gedenkt: Mose ist ein Fürst, sitzt obenan; also ich auch: Ein Fürst hat ein trefflich herrlich Schloß, trägt Edelsteine, güldene Ketten, Samt; und sperrt das Maul auf, hält solches denn gegen seine Armut, geringes Häuslein oder Strohdach, und denkt, ein Fürst habe es viel besser denn er. Also sieht ein Narr in das Regiment.«

Dem stellt Luther die Klage des erfahrenen Mose gegenüber: »›Wie kann ich allein solche Mühe und Last und Hader von euch ertragen?‹ Das ist, als wollte Mose sagen: Es sei der Teufel ein Regent! Ist doch nichts mehr als Mühe und Arbeit darinnen.

Je mehr Gewalt, je mehr Sorge und Bekümmernis. Ich rede jetzt vom Regiment an ihm selbst. Mose sagt, es sei Mühe, Last und Hader darin-

49 Albrecht Dürer, Bildnis Kurfürst Friedrichs des Weisen.

Kupferstich, 1524

nen, er habe nichts davon, denn daß er von einem jeglichen müsse getrieben und geplagt werden, will er anders ihrer loswerden vom Halse. Sieht aber ein Regent durch die Finger, und läßt das Böse und das Laster ungestraft, so ist er für lieb gehalten. Deshalb sind das große Narren, die nur anzusehen die große Pracht und Ehre, schöne Kleider und schöne Ketten und Fürsten und Herren.«

Wer keine Verantwortung trägt, hat's auch gut – und weiß es nicht.

Von der Schwierigkeit, ein Land zu regieren

50 Die von Luther angeblich gestohlenen Fahnen Evangelium, Wahrheit und Freiheit. Blatt 3: Freiheit. Holzschnitt.

Luther hat sehr konkret etwas erfahren von der Schwierigkeit, eine Stadt zu regieren. Die Trennung zwischen geistlichem und weltlichem Amt *und* deren Zusammenhang haben ihn immer wieder beschäftigt. Freimütig sagt er, was er – und was alle Welt! – von einem Fürsten eigentlich erwarten müßte. »Es ist nichts Löblicheres und Lieblicheres an einem Fürsten, denn daß er frei redet, was seine Meinung sei, und hat lieb, so desgleichen tun, sagen ungescheut, wie ihnen ums Herz ist, so es die Zeit und die Notdurft erfordert. An einem Prediger ist nichts Schändlicheres, denn hinterm Berg halten und nicht frei sagen, was er im Sinn hat und was seine Meinung ist, sonderlich, wenn er amtshalben reden soll. – Gott macht beide, Fürsten und Theologen, zu Narren, denn er befiehlt ihnen das Regiment und legt ihnen auf, was unmöglich ist, welches keiner auf sich nähme, wenn er's von Anfang an wüßte, und darf doch davon nicht lassen mit gutem Gewissen, wenn's ihm einmal befohlen ist und er's angenommen hat.

Aber es ist Mühe und Arbeit, daß uns viel befohlen wird und geschieht doch wenig.«

Alles in allem aber ist dies eine Aufforderung, sich dem schwierigen Leitungsgeschäft zu stellen, sich stets die Freiheit zu nehmen, frei zu reden, zur rechten Zeit am richtigen Ort zu wichtigen Sachen Stellung zu nehmen, sich einzumischen, so, wie es Zeit und Notwendigkeit erfordern, damit es besser werde.

Wieviel Kleingeist und Großherzigkeit, wieviel Aggressionsfrust und konstruktiven Willen, wieviel Gewinnstreben und demokratischen Gemeinsinn, Traditionsbewußtsein und Inspiration für Neues, wieviel Interesse an der Kunst eines Cranach, an der Bildung eines Melanchthon, an der Sprachkraft und Frömmigkeit eines Luther die protestantische Tradition birgt und aufbringt, entscheidet über die Zukunft des Protestantismus.

Luther sieht die Geschichte als einen Prozeß von Werden und Neuwerden.

»Das christliche Leben ist nicht ein Frommsein, sondern ein Frommwerden.

Nicht Gesundsein, sondern ein Gesundwerden.

Nicht Sein, sondern ein Werden.

Nicht Ruhe, sondern eine Übung.

Wir sind's noch nicht, wir werden's aber.

Es ist noch nicht getan und geschehen; es ist aber im Gang und
        Schwang.

Es ist nicht das Ende, es ist aber der Weg.

Es glühet und glänzet noch nicht alles, es bessert sich aber alles.«

Zum Frieden raten und helfen –
oder: Wer Krieg anfängt, ist im Unrecht

Zu Luthers Zeiten war es selbstverständlich, daß es ein Recht gibt, Krieg zu führen, daß es »gerechte Kriege« gibt, daß sie legitim sind, wenn eine legitime Staatsgewalt den Krieg als ein letztes Mittel einsetzt, um Land und Leute zu verteidigen. Luther akzeptiert das und legt dar, daß auch Soldaten in »seligem Stande« bleiben können.

Nirgendwo wird er indes zum Verherrlicher des Krieges. Für ihn gibt es einen großen Unterschied zwischen individuellem Verhalten, das auf prinzipielle Gewaltlosigkeit – zumal des Christen – zielen solle, und dem öffentlichen, wo jedermann auf Befehl hin Gehorsam zu leisten habe. Diese Unterscheidung hat die Wirkungsgeschichte der »Zwei-Regimenter-Lehre« verhängnisvoll beeinflußt – bis hin zur heutigen Streitfrage, ob Soldaten Mörder genannt werden dürfen. Allerdings erweist sich Luther in vielen seiner Auslegungen, in Briefen und Tischreden als ein sensibler Konflikttherapeut für zwischenmenschlichen Streit und als unbestechlicher Wächter und Mahner des Friedens in politischen Angelegenheiten.

Unmißverständlich erklärt er in einer Auslegung der Seligpreisung »Selig sind die Friedfertigen, denn sie werden Gottes Kinder heißen« (Matthäus 5,9), es gehöre mehr dazu, »Krieg anzufangen, denn daß du eine rechte Sache habest. Denn obwohl hier nicht verboten ist, daß man nicht kriegen solle (wie gesagt, daß Christus hier nichts der Obrigkeit und ihrem Amte will genommen haben, sondern lehret nur die einzelnen Personen, die für sich selbst christlich leben wollen): so gilt doch nicht, daß ein Fürst mit seinen Nachbarn kriegen will, ob er gleich – sage ich – rechte Sache und der andere Unrecht hat; sondern es heißt: Selig sind die Friedfertigen, daß, wer ein Christ und ein Gotteskind sein will, nicht alleine keinen Krieg und Unfriede anfange, sondern zum Frieden helfe und rate, wo immer er kann, ob auch gleich Recht und Ursachen genug zu kriegen wären. Es ist genug, wenn man alles versucht und nichts helfen will, daß man eine Notwehr tun muß, Land und Leute zu schützen.«

51 Albrecht Dürer,
Weinende Bäuerin.
Zeichnung

Machthaber, die nichts lieber sähen, »denn daß wir alle im Blut schwimmen müßten«, nicht ruhten, bis sie »Land und Leute in Jammer und Unglück führen«, nennt er Bluthunde.

Individuelle Gewalt- und Racheakte verurteilt Luther prinzipiell; wenn alles Trachten nach Frieden nichts nütze, solle die Obrigkeit strafen, denn: »wer dir Gewalt tut, der sündigt nicht allein wider dich, sondern viel mehr wider die Obrigkeit selbst, weil es nicht dein, sondern ihr Gebot und Befehl ist, daß man Friede halte«.

In seiner unverwechselbaren, bildhaften Sprache wendet sich Luther mehrfach gegen die »rachgierigen und rumorischen Köpfe«, Misanthropie und das »schändliche Laster Afterreden«. Damit richteten die »rechten Teufelskinder« zuweilen Jammer und Mord an. Der Teufel selbst habe den Namen Diabolus, weil er »Schänder und Lästerer« sei, »der seine Lust daran hat, daß er aufs Ärgste uns schände und untereinander verbittere, auf daß er nur Mord und Jammer anrichte und keinen Frieden noch Eintracht zwischen Brüdern und Nachbarn, Mann und Weib bleiben lasse«.

Luther verfällt nicht dem Hang, Leute nur zu tadeln. Er findet in jedem ein Fünklein Gottes, der auf nichts aus ist als auf Frieden und Versöhnung. »Und ist kein Mensch auf Erden so böse, es hat ja etwas an ihm, das man loben muß ...« Zu den Seliggepriesenen rechnet er nicht nur fromme Fürsten, Räte oder Juristen, die um des Friedens willen in ihrem Amt und Regiment sitzen, sondern auch Bürger, die etwa »durch ihre heilsamen guten Zungen« bei Hader und Zwietracht versuchen, Mann und Frau bzw. Nachbarn zu versöhnen.

Staatliche Gewalt sei dazu da, das Böse zu strafen und das Gute zu schützen. Deshalb könnten Christen auch ein weltliches Amt ausüben, in dem sie nicht nach den Regeln der Barmherzigkeit handeln können, sondern nach den Regeln des Rechts Strafe für Unrecht verhängen müssen. Erst wenn alle Welt richtige Christen wären, also von Herzen Gläubige, wäre kein Fürst, König, Herr, Schwert noch Recht notwendig oder gar von Nutzen.

»Krieg führen gegen Gleichgestellte soll ein abgenötigt Ding sein und mit Gottesfurcht geschehen. Nötigen aber ist, wenn der Feind oder Nachbar angreift und anfängt und nicht helfen will, daß man sich zu Recht zur Verhandlung, zum Vertrag erbietet, allerlei böse Worte und Tücke verträgt und zugute hält, sondern schlechterdings mit dem Kopf hindurch will.«

Wiewohl Soldaten für Luther in einem legitimen Krieg auch Gehorsam leisten und mit gutem Gewissen töten können, macht er doch eine Einschränkung geltend. Auf die rhetorische Frage, wenn »mein Herr Unrecht hätte, Krieg zu führen?«, antwortet er, »wenn du gewiß weißt, daß er Unrecht hat, so sollst du Gott mehr fürchten und gehorchen als den Menschen«. Solch wohlbedachte Verweigerung erscheint ihm als ein Gebot. In der Realität des Krieges aber »muß man sich zur Gegenwehr stellen und getrost um sich hauen, stechen und brennen. Da herrscht eitel Zorn und Rache. Doch soll beides nicht aus des Menschen Herz, sondern aus dem Urteil und Befehl Gottes kommen, daß man die Bösen strafe, damit man vor ihnen Frieden habe. Widerfährt dir auch Schaden und Leid darüber, das mußt du leiden.«

Luthers Position läßt sich zwar mit keinem Aggressionskrieg vereinbaren, aber seine Worte wurden und werden benutzt, um sie zu legitimieren, um mit »gutem Gewissen« zu töten und Soldaten zu Volkshelden zu erheben.

52 Lucas Cranach d.J.,
Die Anbetung der
Hirten. Gemälde
(Ausschnitt)

Den Frieden preist Luther in den höchsten Tönen: Er »kann dir helfen, daß dir ein Bissen trockenen Brots wie Zucker schmeckt und ein Trunk Wasser wie Malvasier«. Den Frieden kaufe man nie zu teuer: »Wer zwei Kühe hat, der soll eine darum geben, nur daß der Friede erhalten werde. Es ist besser, eine Kuh in gutem Frieden als zwei im Krieg zu besitzen. ›Es ist besser, eine Hand voll mit Ruhe, denn beide Fäuste voll mit Mühe und Haschen nach Wind‹ (Prediger Salomo 4,6).«

Seine Geschichtsbetrachtungen führen Luther zu einem fatalen Urteil über die menschliche Gattung und deren Gefährdung. »Gar oft klagen die unruhigen Köpfe über den Frieden, und weil die Menschen, wenn sie müßig sind, träg und faul werden, wünschen sie sich Krieg, auf daß sie dadurch Ehre erlangen und Ursachen haben möchten, ihre Tugend zu zeigen (gemeint ist militärische Tapferkeit). Dieser Drang ist uns allen durch die Sünde eingepflanzt, daß wir die göttlichen, nötigen und allerbesten Gaben Gottes so ganz verachten und dem Schaden und Unglück, die vom Teufel herkommen, willig folgen … Denn, wenn man des Guten zu viel hat, so wird man sein bald überdrüssig. Deshalb, obschon der Friede das allerhöchste Gut ist, so ist dennoch die Natur so ganz verdorben, daß sie oft zum Kriegen größere Lust hat. Und wie die Welt den Frieden nicht leiden kann, so kann sie viel weniger den Krieg erdulden. Im Frieden klagt sie, sie werde faul dabei; im Krieg dagegen begehrt sie Friede.«

Bequemlichkeit, satte Langeweile, Überdruß können sich entladen »in Stahlgewittern«. Auch das Vergessen Gottes führt die Leute in Kriege. Der Geist Christi aber soll regieren in unseren Herzen. Welch »eine große Sache sind doch der Friede und die Eintracht!«

So flehentlich wie zuversichtlich bittet Luther in einem Liedvers, der bis heute zur »geistlichen Ration« des Protestantismus gehört:

Verleih uns Frieden gnädiglich,
Herr Gott, zu unsern Zeiten.
Es ist doch ja kein andrer nicht,
der für uns könnte streiten,
denn du, unser Gott, alleine.

Der gemeine Kasten – eine reformatorische Sozialordnung

Der gemeine Kasten von Leisnig war zunächst eine Truhe mit vier Schlössern, in der Stadtkirche sicher aufbewahrt. Mit dem dort verwahrten Geld wurden schulische und kirchliche Einrichtungen sowie die Bedürftigen versorgt, aber auch Gebäude unterhalten. Luther hat 1523 die »Leisniger Kastenordnung« unterstützt und als ein Beispiel für den Umgang mit dem Gemeindeeigentum nach dem Vorbild der Apostel (Apostelgeschichte 4,32 ff.) gewürdigt. Was sollte etwa mit Klöstern und Stiften und all dem verwaisten kirchlichen Eigentum geschehen? Luther meint: »Ich will es doch nicht auf mir sitzen lassen, wenn einige habgierige Wänste diese geistlichen Güter an sich reißen und mich als den, der die Ursache dazu gegeben hat, zum Schein vorschieben – denn die Habsucht ist ein ungehorsamer, glaubensloser Bösewicht –, will ich doch das Meine tun, und mein Gewissen entlastet und ihr Gewissen belastet haben, damit niemand sagen kann, ich hätte geschwiegen oder hätte mich zu spät hören lassen. Es nehme nun an oder verachte meinen gutgemeinten Rat, wer will, ich bin unschuldig.«

Freilich läßt sich mit Gesetzen und Artikeln nicht alles regeln, und man muß darauf gefaßt sein, daß die Habgier sich immer ihren Teil holt. Es geht Luther um einen allgemeinen sozialen Ausgleich und um eine gemeinschaftliche Ordnung und Kontrolle über die finanziellen Mittel der Gemeinde. Die Gemeinden, die ihre Pfarrer frei wählen, ein- und absetzen können, sollen für deren Unterhalt ebenso sorgen wie für den der Schulmeister und Küster. In die

53 Gemeiner Kasten der Stadt Wittenberg, Eisentruhe mit drei voneinander unabhängigen Schlössern, um 1520

Gemeindekasse sollen Zinsen, Güter, Abgaben, Gelder und Besitzungen, Buß- und Strafgelder sowie die Gelder aus den Opferstöcken einfließen. Dazu kommen Sachmittel, Brot, Käse, Eier, Fleisch und andere Speisen, die »unverzüglich, so weit es nötig ist, unter die Armen ausgeteilt werden«, und schließlich die Testamente, die begüterte Gemeindeglieder zugunsten der Gemeinde machen. Die Gemeindekasse soll von zehn gewählten Personen verwaltet werden, die mit »gutem christlichen Gewissen, ohne Rücksicht auf Gunst, Neid und Nutzen, Furcht oder irgendeine schändliche Ursache nach ihrem besten Vermögen … über Einnahmen und Ausgaben treu und unparteiisch auszuüben verpflichtet seien«. Die Kasse braucht Kontrolle. Deshalb wird sie verwahrt mit vier verschiedenen Schlössern und Schlüsseln; der Adel, der Rat, die Gemeinde in der Stadt und die Bürgerschaft auf dem Lande haben je einen besonderen Schlüssel.

Der Bettel soll abgeschafft werden, und alle, die nicht mit Alter oder Krankheit beladen sind, haben zu arbeiten. »Die aber durch Unglücksfälle bei uns verarmen oder vor Krankheit oder Alter nicht arbeiten können, sollen durch die verordneten Zehn aus unserer Gemeindekasse in ausreichendem Maße versorgt werden.«

Außerdem sollen mit den Gemeindegeldern »arme, verlassene Waisen … mit Erziehung und leiblichem Bedarf, bis sie ihr Brot verdienen oder arbeiten *können*, durch die Vorsteher aus der Gemeinde versorgt werden«, zur Schule geschickt, ernährt und »zur Arbeit, zum Handwerk und angemessenen Gewerbe gefördert werden«. Nicht nur Einheimische kommen in den Genuß von Hilfe: »Fremden Ankömmlingen, gleichgültig, ob sie Männer oder Frauen sind, die christliche und brüderliche Zuversicht zu unserer Gemeinde haben und innerhalb der Stadt oder der Dörfer in unserem Kirchspiel mit der Mühe und dem Fleiß ihrer Arbeit ihren Lebensunterhalt suchen, sollen die zehn Vorsteher aufrichtig fördern.«

Die zehn Vorsteher sollen »mit großem beständigen Fleiß Erkundigungen und Nachforschungen anstellen«, damit diese Gelder den Bedürftigen zugute kommen und nicht Schmarotzertum und Mißbrauch bezahlt werden. Wer ohne eigene Schuld in Armut gerät, soll einen ansehnlichen Vorschuß erhalten, der zu einem festgelegten Termin zurückzuzahlen ist. »Denen aber, die trotz treuer Arbeit und Fleiß dies nicht zurückgeben können, soll es zu ihrem Bedarf und um Gottes willen erlassen werden.«

Schließlich wird mit Hilfe der Gemeindekasse Vorratswirtschaft betrieben: Die Verwalter sollen »eine ansehnliche Menge und Anzahl von Korn und Erbsen für die Magazine, die dem Rat und dem gemeinsamen Kirchspiel gehören, einkaufen und dafür sorgen, daß dieser Vorrat in Jahren, in denen das Getreide billig zu kaufen ist, nicht angegriffen, sondern vielmehr vermehrt und vergrößert wird«.

Die Leisniger Kastenordnung ist Vorbild für städtische Sozialordnungen bis hin zu Sozialgesetzgebungen in demokratischen Staaten geworden.

Es gibt keinen größeren Gottesdienst, schreibt Luther, »als die christliche Liebe, die den Bedürftigen hilft und dient, wie Christus selbst am Jüngsten Tag bekennt und richten wird« (Matthäus 25,31 ff.).

Soziale Fragen haben Relevanz für jeden Einzelnen, für lokale und globale Ungerechtigkeit und für den »Jüngsten Tag« – der ist heute.

Gebildete Leute braucht das Land

Luther befürchtet, nach dem Wegfall der Klöster als Ort der Bildung werde sich keiner der Bildung der Heranwachsenden mehr annehmen. Deshalb fordert er 1524 »die Ratsherren aller Städte deutschen Landes« auf, christliche Schulen einzurichten und zu erhalten. Die Kommunen sollten ihrer Verantwortung für ein gedeihliches Zusammenleben der Menschen nachkommen, dafür seien nicht nur Berufe notwendig, die das leibliche Wohl oder äußere Macht sicherten. Das eklatante Mißverhältnis beim Verteilen öffentlicher Mittel fordert Luther zur Polemik heraus: »Man fürchtet sich vor Türken und Kriegen und Hochwasser, denn da versteht man, was Schaden und Nutzen ist. Aber was hier der Teufel im Sinn hat, sieht niemand, fürchtet auch niemand; es kommt still herein. Dabei, wenn man einen Gulden gibt, um gegen die Türken zu kämpfen, wäre es doch hier, selbst wenn sie uns im Nacken säßen, nur recht und billig, daß Hundert Gulden gegeben würden, und wenn man auch nur einen Knaben damit erziehen könnte, damit ein rechter Christenmann daraus würde.«

Er beschwört die Autoritäten: »Liebe Herren, man muß jährlich so viel aufwenden für Kanonen, Wege, Stege, Dämme und unzählige solcher Dinge mehr, wodurch eine Stadt zeitlichen Frieden und Ruhe haben soll. Warum sollte man nicht viel mehr aufwenden für die bedürftige arme Jugend, jedenfalls aber so viel, daß man einen geeigneten Mann oder zwei als Schulmeister unterhielte?« Selbst Tiere sorgten für ihre Jungen und lehrten sie, »was ihnen gebührt«. Vernunft und Christenliebe dürften es nicht dulden, daß Eltern ihrer Verantwortung nicht gerecht würden, weil es ihnen an Rechtschaffenheit und Pflichtbewußtsein fehle, und Kinder »unerzogen aufwachsen und für die anderen Gift und Geschmeiß sind«. Die Not zwinge dazu, Leute zur Unterweisung der Kinder einzustellen, denn die meisten Eltern hätten »selbst nichts gelernt, als den Bauch zu versorgen«, oder kümmerten sich vornehmlich um Geschäfte und Haushalt. Der einfache Mann könne keinen Hauslehrer bezahlen.

Luther appelliert an die soziale Verantwortung der Gemeinschaft, weil er Volksbildung als Garant eines zivilisierten Zusammenlebens betrachtet. Das Gedeihen einer Stadt hänge nicht allein von großen Schätzen, festen Mauern, schönen Häusern und der Produktion von Kanonen oder Harnischen ab. »Vielmehr, wo es viel davon gibt und es kommt in die Hände wahnsinniger Narren, so ist das ein umso schlimmerer und umso größerer Schaden für diese Stadt. Vielmehr ist das einer Stadt Bestes und ihr allerprächtigstes Gedeihen, ihr Wohl und ihre Kraft, daß sie viele gute, gebildete, vernünftige, ehrbare und wohlerzogene Bürger hat, die dann sehr wohl Schätze und alle Güter sammeln können, sie recht erhalten und recht gebrauchen.«

Es mangle an fähigen Leuten für die öffentliche Verwaltung. »... soll man denn zulassen, daß lauter Flegel und Grobiane regieren, wenn man's wohl sehr viel besser machen kann? ... Da lasse man lieber doch gleich Säue und Wölfe zu Herren machen und über die setzen, die nicht darüber nachdenken wollen, wie sie von Menschen regiert werden. Ebenso ist es auch eine unmenschliche Bosheit, wenn man nicht weiter denkt als so: Wir wollen jetzt regieren. Was geht es uns an, wie es denen gehen wird, die nach uns kommen? Nicht über Menschen, sondern über Säue und Hunde sollten solche Leute herrschen, die beim Regieren nichts mehr suchen als ihren Vorteil oder ihre Ehre.« Wir sprechen diesbezüglich heute von der »Nachhaltigkeit« der Politik.

Luther hat aus pragmatischen Gründen bereits vor mehr als 500 Jahren gefordert, die Einübung ins Sozialverhalten, Studium und das Erlernen eines Handwerks zu koordinieren. Die Menschen sollten Sprachen lernen, sich auf Wissenschaften und speziell auf Geschichte konzentrieren, denn vornehmlich diese bilde Urteilskraft. »Wenn schon ein solcher Knabe, der Latein gelernt hat, danach ein Handwerk lernt und Bürger wird, so hat man ihn in Reserve für den Fall, daß man ihn einmal als Pfarrer oder sonst für das Wort brauchen sollte.« Welch ein Programm, um lebensfremde Politik und politische Kastenbindung zu überwinden!

Erziehung sollte keinesfalls »Schwarze Pädagogik« sein, so, wie Luther sie in seiner Kindheit erlebt hat. »Nun muß das junge Volk hüpfen und springen oder jedenfalls etwas zu tun haben, woran es Vergnügen hat, und es ist ihm darin nicht zu wehren; es wäre auch nicht gut, alles zu verwehren. Warum sollte man ihm dann nicht solche Schulen einrichten und solche Wissenschaft vortragen, zumal jetzt durch Gottes Gnade alles so eingerichtet ist, daß die Kinder mit Vergnügen und Spiel lernen können, seien es Sprachen oder andere Wissenschaften oder Geschichtserzählungen? Es gibt jetzt nicht mehr die Hölle und das Fegefeuer unserer Schulen, in denen wir geplagt werden mit Deklinationen und Konjugationsübungen, wo wir doch rein gar nichts gelernt haben durch so viel Prügel, Zittern, Angst und Jammer. … Von mir selber sage ich: Wenn ich Kinder hätte und es könnte, müßten sie mir nicht nur die Sprachen und Geschichtserzählungen hören, sondern auch singen und die Musik samt der ganzen Mathematik lernen.« Auch in wirtschaftlich schwierigen Situationen sollten Gemeinden »Fleiß und Kosten nicht sparen, um gute Bibliotheken oder Bücherhäuser zu schaffen«.

Im Jahre 1530 hält er eine vielbeachtete Predigt darüber, »daß man Kinder zur Schule halten solle«. Darin führt er aus: »Wenn denn die Schrift und Gelehrsamkeit untergeht, was soll da bleiben in deutschen Landen als ein wüster, wilder Haufen, Tataren oder Türken, ja vielleicht ein Saustall und eine Horde von lauter wilden Tieren?«

Die Leute sollten nicht schweigen und schlafen, »so daß die Jugend so vernachlässigt wird und ihre Nachkommen wie Tataren und wilde Tiere werden, so wird es unseres Schweigens und Schnarchens Schuld sein und wir werden schmerzliche Rechenschaft dafür geben müssen«.

Seine Warnung, die Deutschen würden in aller Welt Bestien genannt werden, »die nicht mehr können als Krieg führen, fressen und saufen«, erscheint geradezu prophetisch. »Laßt uns doch endlich einmal die Vernunft gebrauchen, damit Gott die Dankbarkeit für seine Wohltaten erkenne und andere Länder sehen, daß wir auch Menschen sind und Leute, die etwas Nützliches entweder von ihnen lernen oder sie lehren könnten, damit auch durch uns die Welt gebessert würde.«

Luther kritisiert die gegenseitige Verachtung von Kopf- und Handarbeitern und meint, »Kanzler, Stadtschreiber und Juristen und das Volk in seinen Ämtern müssen mit oben ansitzen, mitberaten und mitregieren.« Vor allem »die Juristen und die Schreiberlinge« lobten sich derart, »daß sie andere Stände verachten oder verspotten, als wären sie es alleine und als taugte sonst niemand in der Welt als sie, wie die geschorenen Pfaffen das bisher auch getan haben, samt dem ganzen Papsttum. Man soll alle Stände und Handwerke Gottes aufs Höchste loben, wie man's nur immer kann und keinen um des anderen willen verachten.« Denn Gott wolle zum Frieden und zur Einigkeit führen.

Jedermann müsse ein sicheres Gespür für richtige Entscheidungen entwickeln; vor allem jene, die ein Regierungsamt ausübten, damit sie nicht völlig von ihren Räten abhängig würden. »Wie das Wort Räte nicht weit von dem Wort Verräter ist, so sind auch viele von ihnen nicht weit von der Tat: Sie raten zuweilen ihrem Herren mit solcher Treue, dass sie kein Verräter so gut verraten könnte.«

Wenn Menschen nichts weiter lernen »als Nahrung zu suchen und wie eine Sau mit der Nase immer im Kot zu wühlen«, dann müßten wir »gewiß von Sinnen sein oder unsere Kinder nicht recht lieb haben«. Der gewöhnliche Geizwanst verachtet die Wissenschaft und will, daß die Leute nur das sehr schnell lernen, was sich in Geld umsetzen läßt: »effektives Output« ist gefordert! Die Leute tun alles, damit die Kinder in Kürze kirre werden. Aber, wendet Luther ein, es sei doch so, daß »der Kaufmann nicht lange Kaufmann sein wird, wenn Predigt und Recht verfallen. Wo die Theologen verschwinden, da verschwindet Gottes Wort ... Wo die Juristen verschwinden, da verschwindet das Recht samt dem Frieden ... Was aber der Kaufmann erwerben und gewinnen wird, wenn der Friede verschwindet«, das kann ihm sein Gewissen zeigen.

Luther verweist auf die Notwendigkeit aller Tätigkeiten und Berufe: die Heilkunst, das Handwerk, die Bauern, die Kaufleute. Doch immer wieder hebt er die Schulmeister hervor.

»Ich weiß, daß der Beruf des Schulmeisters nächst dem Predigtamt der allernützlichste, wichtigste und beste ist. Ich weiß noch nicht einmal, welcher von beiden der bessere ist ...«

»Es ist keine schönere Verwandnis in der Welt denn eine gute Ehe.« Über Ehe und Familie

Bevor er eigene Erfahrungen machen konnte, hat Luther in den Schriften »Ein Sermon vom ehelichen Stand« (1519) und »Vom ehelichen Leben» (1522) seine Gedanken über Ehe und Familie niedergelegt. Beides gehört für ihn zu den Säulen der göttlichen Schöpfungsordnung. Die Möncherei stellt er total in Frage: Sie führe nur zur Heuchelei und Hurerei und widerspreche dem biblischen Gebot an den Menschen fundamental. Das ganze menschliche Zusammenleben sieht er in Gefahr, wenn Ehe und Familie zerfallen. So bemerkt er in einer seiner Tischreden:

»Es ist gut, daß Gott den Ehestand eingesetzt hat, sonst sorgeten die Älteren für die Kinder nicht, die Haushaltung läge darnieder und zerfiele; darnach würde auch der Polizei und des weltlichen Regiments, desgleichen die Religion nicht geachtet. Also ginge es alles dahin und würde ein Wüstwildwesen in der Welt.«

Aus der gegenseitigen Liebe ergebe sich gegenseitige Hochachtung. Luther nennt es die höchste Gnade Gottes, »wenn im Ehestande Eheleute einander herzlich, stets für und für lieb haben. Die erste Liebe ist fruchtbar und heftig, damit wir geblendet werden und wie die Trunkenen hinan gehen. Wenn wir denn die Trunkenheit haben ausgeschlafen, als denn bleibt in Gottesfürchtigen die rechtschaffene Liebe, die Gottlosen aber haben den Reuel« (den Teufel).

Luther hat wohl an sich selbst gespürt, was es heißt, plötzlich vom Blitz der Liebe getroffen zu sein. Seine Entscheidung zur Ehe ist jedoch wohldurchdacht gewesen. Vor seiner Heirat scheint ihm nichts mehr Sorge bereitet zu haben als der Vorwurf, er habe die ganze Reformation nur wegen der Weiber gemacht und um selber eins zu nehmen. Zudem ängstigt ihn, daß aus der Verbindung zwischen einem Mönch und einer Nonne der Antichrist hervorgehen könnte, wie der katholisierende Aberglaube seinerzeit verbreitete.

54 Lucas Cranach d.Ä.,

Bildnis Martin Luthers.

Gemälde, 1526

55 Lucas Cranach d.Ä.,
Bildnis der Katharina
von Bora. Gemälde,
1526

Noch am 26. April 1525 – acht Wochen später sollte er verheiratet sein – schreibt er an seinen Vertrauten Georg Spalatin mit feiner Ironie: »Weiter fragt Ihr, warum ich nicht heirate. Darüber dürft Ihr Euch nicht wundern, da ich doch ein so berüchtigter Liebhaber bin. Da ich so viel von der Ehe schreibe und so viel mich mit Weibern bemenge, ist es eigentlich vielmehr wunderbar, daß ich nicht selbst eins geworden bin. Warum also davon reden, daß ich keine gefreit! Fordert jedoch Ihr, daß ich Euch ein Beispiel geben soll, so könnt Ihr sogleich ein sehr durchschlagendes vornehmen. Habe ich doch gleich drei Weiber auf einmal gehabt und so tapfer geliebt, daß ich zwei davon wieder eingebüßt habe, die andere Freier zu nehmen gedenken. Die dritte hält auch nur als schwaches Band, und auch sie wird mir vielleicht bald entrissen. Ihr dagegen seid mir ein träger Liebhaber, der nicht einmal eine Einzige zu nehmen wagt. Immerhin hütet Euch, daß ich Euch nicht zuvorkomme, so nahe Euch und so fern mir jetzt der Wunsch zur Ehe liegt. Pflegt doch Gott zu wirken, was wir am wenigsten erwarten. Dies, um Euch ohne Scherz an Euer Vorhaben zu gemahnen. Lebt wohl.«

Jahrelang hat er auf einem alten Strohsack in einer versifften Kemenate mit seinem Famulus gehaust. Mit Käthe kommt Ordnung ins äußere Leben und das Verwundern, plötzlich nicht mehr allein zu sein. »Im ersten Jahr des Ehestandes hat einer seltsame Gedanken. Wenn er über Tisch sitzt, so gedenkt er: vorhin warst du allein, nun aber bist du selbander; im Bette, wenn er erwacht, sehet er ein paar Zöpfe neben ihm liegen, das er vorhin nicht sah. Also saß meine Käthe im ersten Jahr bei mir, wenn ich studierte, und da sie nicht wußte, was sie reden sollte, fing sie an, und fragte mich: ›Herr Doktor, ist der Hofmeister in Preußen des Markgrafen Bruder?‹ Diese Weiber müssen die Männer wohl immer abhalten von den wichtigen Geschäften, zu denen sie seit der Schöpfung bestimmt sind.«

Wiewohl er ein sehr natürliches Verhältnis zum Beischlaf und zum ehelichen Begehren überhaupt hat, entdeckt er den Versucher unter dem Bett und in der menschlichen Wollust wieder. Hier bleibt Luther ganz Kind seiner Zeit und im Banne eines Mannes, der dem weiblichen

Geschlecht fernstand und als »christlicher Stoiker« den Sinnenfreunden kaum Raum ließ: der Heilige Apostel Paulus.

Bei manchem, was von den Protokollanten der Tischgespräche übermittelt wird, scheint feine Ironie im Spiel zu sein. Etwa wenn er davor warnt, ein reiches Weib zu heiraten; denn ein armer Geselle, der eine Reiche bekomme, werde erleben, daß sie Herr sein wolle. Sage er ihr irgendein Wort, daß ihr nicht gefalle, »so wirft sie das Maul auf und rückt ihm auf: Du Stümper, hättest müssen ein Bettler sein, wenn ich dich nicht genommen hätte usw.« Dann entscheide in der Ehe das Geld über die Machtverhältnisse, obwohl es doch in der göttlichen Schöpfung beschlossen sei, daß die Frau lediglich im Hause das Regiment habe. Flugs greift er in sehr direkter Weise auf die Heilige Schrift zurück, um sein Frauenbild zu untermauern: »Der Weiber Regiment hat von Anfang der Welt nie Gutes ausgerichtet, und man pflegt zu sagen: Weiberregiment nimmt selten ein gut' End! Da Gott Adam zum Herren über alle Kreaturen gesetzt hatte, da stand alles noch wohl und recht, und alles ward auf das Beste regiert; aber da das Weib kam und wollte die Hand auch mit im Sode haben (im Sode – überall mit dabei sein müssen) und klug sein, da fiel es alles dahin und ward eine wüste Unordnung.«

Eva habe Adam dazu verlockt – auf Geheiß der Schlange –, vom verbotenen Baum der Erkenntnis des Guten und des Bösen zu essen. Und die Weiber, meint Luther, hätten gar Ciceronische Redekünste, sofern es den Haushalt betreffe. Sie könnten mit der Holdseligkeit und Lieblichkeit ihrer Stimme bezirzen und Cicero, den beredtesten Redner der Weltgeschichte, übertreffen. Und »was sie mit Wohlredenheit nicht können zu Wege bringen, das erlangen sie mit Weinen«.

Frauen hätten ein natürliches Gefühl für die Händel der Welt und seien viel geschickter als die Männer. Die müßten alles durch lange Erfahrung, Übung und Studieren erlangen, was die Frauen von Natur aus könnten. Dann folgt seine klare Rollenzuweisung: »Wenn sie aber außer der Haushaltung reden, so taugen sie nichts … Das Weib ist geschaffen zur Haushaltung, der Mann aber zur Polizei, weltlichem Regiment, zu Kriegen und Gerichtshändeln, diese zu verwalten und zu führen.«

Er, der viele Ehen versöhnt hat, klagt als ein einfühlsamer und zurechtweisender Seelsorger: »Lieber Gott, was kostet's Mühe und Arbeit in Ehesachen. – Was kostet's Arbeit, daß man Eheleute zusammenbringe! Darnach hat's viel große Mühe, daß man sie beieinander behalte. Adams Fall hat die menschliche Natur also sehr beschmutzt, verderbet und vergiftet, daß sie aufs Allerunbeständigste ist, läuft hin und wieder wie Quecksilber.«

Wie wir insbesondere aus seinen Briefen wissen, hat er seine Käthe unendlich hoch geschätzt, geehrt, geliebt und mußte zugleich akzeptieren, daß sie wenig an dem teilnahm, was er über die großen Händel der Welt und in den subtilen theologischen Konflikten dachte und schrieb.

Daß Eheleute geradezu eine göttliche Pflicht haben, Kinder zu bekommen, steht für Luther außer Frage. »Denn dies Wort, das Gott spricht: ›Wachset und mehret euch‹, ist nicht ein Gebot, sondern mehr denn ein Gebot, nämlich ein göttliches Werk, das nicht bei uns steht, zu verhindern oder nachzulassen, sondern ist eben also nötig, als daß ich ein Mannsbild sei und nötiger denn essen, trinken, fegen und auswerfen, schlafen und wachen. Es ist eine eingepflanzte Natur und Art, eben sowohl als die Gliedmaßen, die dazugehören (so verschämt spricht er von den Geschlechtsorganen). Darum, gleich wie Gott niemand gebeut (gebietet), daß er Mann oder Weib sei, sondern schafft, daß sie so müssen sein; also gebeut er auch nicht, sich zu mehren, sondern schafft, daß sie sich müssen mehren.«

Die so selbstbezogene wie vernünftig klingende Abneigung, Kinder zu haben, kritisiert Luther. Die kluge »Hure Vernunft« rümpfe die Nase und spreche: »Ach, sollte ich das Kind wiegen, die Windeln waschen, Bett machen, Gestank riechen, die Nacht wachen, seines Schreiens warten, sein Grind und Blattern heilen; danach des Weibes pflegen, sie ernähren und arbeiten; hier sorgen, da sorgen, hier tun, da tun, das leiden und dies leiden, und was denn mehr Unlust und Mühe der Ehestand lehrt: ei, sollte ich so gefangen sein? O du elender, armer Mann, hast du ein Weib genommen? Pfui, pfui des Jammers und Unlusts! Es ist besser, frei bleiben und ohne Sorge ein ruhig Leben geführt: ich will ein Pfaff oder Nonne werden, meine Kinder auch dazu halten.

Was sagt aber der christliche Glaube hierzu? Er tut seine Augen auf und sieht alle diese geringen, unlustigen verachteten Werke im Geiste an und wird gewahr, daß sie alle mit göttlichem Wohlgefallen als mit dem köstlichen Gold und Edelsteinen geziert sind …«

Zu jeder Zeit fragen sich junge Leute, ob sie es verantworten können, Kinder in diese Welt zu setzen. Für Luther ist »Kindersegen« eine Gabe Gottes, die sich aus der ehelichen Vereinigung speist. Wir reden heute zu Zeiten der Rentendebatten, Kinderfreibeträge, Pflegeversicherungen von gesunder Alterspyramide zur Erfüllung des Generationenvertrages. Sorge und Fürsorge der Eltern für die Kinder und der Kinder für die alten Eltern erscheinen Luther so selbstverständlich wie jene Brutpflege, die von Generation zu Generation die Erfahrung weiterträgt: Nur wer selber Liebe erfahren hat, kann auch Liebe weitergeben. Diese Liebe zeigt sich in der Hilfe, Zuwendung und Erwartung, bis man dieser Fürsorge entwächst und selber zum Fürsorgenden werden kann, und sei es für die kleineren Geschwister. »Die Liebe und Sorge der Eltern gegen die Kinder ist so groß und kräftig, daß, je mehr sie der Eltern Hilfe und Wartung bedürfen, je fleißiger und sorgfältiger die Eltern ihrer warten und erhalten. Drum ist mein Martinchen mein liebster Schatz; denn er bedarf meines Dienstes und Hilfe mehr, denn Johannes oder Magdalena; dieselben können nun reden und fordern, was sie wollen und ihnen not ist, darum bedürfen sie so großer Sorge nicht.«

Schon der Mönch Luther hat das geringe Werk an einem kleinen Kindlein als ein ganz großes Werk gewürdigt, dessen auch ein Mann sich nie zu schade sein soll. In der Schrift »Ein Sermon von dem ehelichen Stande« widerspricht Luther einer bis heute anzutreffenden Rollenzuweisung, ja er macht die Fürsorge eines Mannes für die Neugeborenen geradezu zu einer Glaubenssache: »Wenn ein Mann hinginge und wüsche die Windeln oder tät' sonst am Kinde ein verächtlich Werk, und jedermann spottete sein und hielte ihn für einen Maulaffen und Frauenmann; so er's doch täte in solcher obgesagter Meinung und christlichem Glauben: Lieber sage, wer spottet hier des anderen am feinsten? Gott lacht mit allen Engeln und Kreaturen, nicht daß er die Windeln wäscht, sondern daß er's im Glauben tut. Jener Spötter aber, der nur das Werk sehen und den Glauben nicht sehen (will), spottet Gott mit aller Kreatur, als der größten Narren auf Erden; ja, sie spotten sich nur selbst, und sind des Teufels Maulaffen mit ihrer Klugheit.«

Sonne, Mond, Himmel, Erde, du und ich – wir sind alle Gottes Dichtung
Luther und die Natur

Seite 137
57 Albrecht Dürer,
Das große
Rasenstück.
Wasserfarben und
Tempera auf Papier,
1503

Die Schöpfung ist für Luther ein aufgeschlagenes Buch der Wohltaten des Schöpfers für uns Menschen. Nichts sollte als selbstverständlich hingenommen werden. Doch »die blinde, gottlose Welt« sehe nicht Gottes Wunderwerke, sondern denke, »es geschehe alles von Ungefähr. Dagegen aber die Gottseligen, wo sie ihre Augen hinwenden, … sie schauen zum Himmel oder auf die Erde, Luft oder Wasser schauen sie an u.s.w., so sehen sie Gottes Wunderwerk. Darüber können sie sich nicht

genugsam verwundern; sie sehen ihre Lust und Freude daran, loben und preisen den Schöpfer und wissen, daß auch ER Wohlgefallen an ihnen hat.«

Das Vernünftige erkennen, die Naturgesetze erforschen, die gegebene Schöpfung ausnutzen – kraft der Vernunft. Das ist das eine. Das andere ist, das Wunderbare darin täglich zu sehen.

»Meine Seele kann zugleich denken, reden, im Reden sehen, hören, fühlen usw. und indes auch die Speise verdauen in Blut, Fleisch, Wein, Harn und Mist: Das hält niemand für Wunder, weil wir's täglich sehen und gewohnt sind.«

Bisweilen merken die Menschen erst, was sie haben, wenn sie lebenswichtige Dinge entbehren müssen. »Wir würden wohl gern alles Geld und alles, was wir haben, herausgeben, wenn wir erleben müßten, daß Gott jetzt die Sonne aufhielte, daß sie nicht scheinen könnte, ein andermal die Luft einschlösse, zu einer anderen Zeit das Wasser aufhielte, danach das Feuer auslöschte.«

Jeder Tag ist eine neue Schöpfung. »Wenn Morgenröte ist, wenn die Nacht hin und vergangen und der Tag herbeigekommen ist, da sehen wir, daß in der Morgenröte alle Vögel fangen an zu singen, alle Tiere sich regen, alle Menschen sich erheben, daß es gleich so aussieht, als wäre die Welt neu und alle Dinge lebend, wenn der Tag anbricht und die Morgenröte daherfährt. Darum wird in der Schrift an vielen Orten die tröstliche, lebendige Predigt des Evangeliums der Morgenröte und mit dem Aufgang der Sonne verglichen. Den Tag aber macht die allerliebste Sonne Jesus Christus.«

Luther wird die Natur ebenfalls zu einem Gleichnis – für den Glauben, für Christus, für die Gnade. »Was ist der Winter anderes als ein jährlicher Untergang der ganzen Welt? Was sind alle die Stuben, Öfen, Pelz, Holz und Feuer, damit wir uns wärmen, anderes als die Arche Noah, darinnen wir uns im Winter erhalten?« Überliefert ist auch, daß er im Vieh auf der Weide »unsere Prediger, die Milchträger, Butterträger, Käseträger, Wollträger, die uns täglich predigen, daß wir Gott vertrauen sollen«, gesehen hat.

Man muß sich die hygienischen Verhältnisse des 16. Jahrhunderts vorstellen – mitten im Sommer bei einer richtigen Fliegenplage –, um zu verstehen, warum Luther den Fliegen »feind und gram ist, weil sie des Teufels und des Ketzers Bild sind. Denn wenn man ein schönes Buch auftut, bald fliegt die Fliege drauf und läuft mit dem Ars herum, als sollte sie sagen: Hier sitze ich, und hier soll ich meinen Balsam und Dreck herschmieren. Also tut der Teufel auch, wenn die Herzen am reinsten sind, so kommt er und scheißt drein. Nichts aber soll den Menschen dazu führen, die Schöpfung höher zu achten als das Wort.«

Der zum Schwan von Wittenberg ausgerufene Luther schreibt über die Schwäne: »Vieles ist im Wesen der Schwäne herrlich, besonders aber dies, daß sie singend fröhlich sterben; so singt die Gemeinde der Christen, wenn sie zum Sterben gerufen werden, lieblich; sie rufen den Sohn Gottes an und erhalten von ihm Kraft und Mut.«

Die Zunge sei das allerbeste Glied, da sie Gott lobe und den Menschen helfe. Durch die Zunge bringt Christus die ganze Welt zu sich. »Die Augen sehen weiter und die Ohren hören weiter. Aber die Zunge lehrt, unterrichtet, tröstet, und da ist sie im rechten Schwang und Amt. Es ist ein tröstlich Ding und kann viele bekehren, daß sie Recht tun. (Wenn sie aber übel redet, ist sie das schändlichste und vergiftetste Gliedmaß).« An sich selbst hat Luther erfahren, wie eng seelisches Wohlbefinden und leibliche Gesundheit zusammenhängen: »Ist das Herz fröhlich, so ist auch der Kopf und die Hände und Füße fröhlich, und das Angesicht ist auch lieblich, der Mund singt, und man spürt's an der Zunge.«

In einer kühnen Analogie versucht Luther zu zeigen, daß es die »unglaubliche Auferstehung« täglich in der Natur gibt. Es ist das Wunder, das jeder Mensch erleben kann. Zwei Jahre vor seinem Tod – am 25. Mai 1544 – predigt er über einen Abschnitt aus dem 1. Korintherbrief des Apostel Paulus, wo es heißt: »Es wird gesät verweslich und wird auferstehen unverweslich. Es wird gesät in Unehre und wird auferstehen in Herrlichkeit. Es wird gesät in Schwachheit und wird auferstehen in Kraft. Es wird gesät ein natürlicher Leib und es wird auferstehen ein geistlicher Leib.«

Dieses Bild des Apostel Paulus greift Luther in seinem Gleichnis vom Kirschkern auf.

»Ja, sagst du, wie können die toten Leiber aus den Gräbern gehen, weil sie doch verfault und zu Erde geworden sind? Wie ist das möglich? Ei, wie bleibst du doch immer ein Hans Pfriem! Du meinst, es sei unmöglich, darum weil alle Menschen in der Erde verfaulen und verwesen. Aber sieh dein eigenes Werk und deine eigene Arbeit auf dem Acker an! Du wirfst das Korn in den Boden, du verscharrst es, damit es verfaule, und wartest, bis der Winter vorüber ist, damit du es viel schöner und reichlicher wiedersiehst, als du es gesät hast. So mußt du hier auch warten, bis der Winter vorüber ist und unser Leib wieder aufersteht. Wenn er aufersteht, so wirst du sehen, wie er wieder hervorkommt. Dazu ist Christus mit seiner Auferstehung uns vorangegangen und hat uns die Bahn gebrochen und den Weg gemacht, damit wir ihm nachfolgen. Darum haben wir je an diesem Artikel nicht zu zweifeln.

Und wahrlich, nicht nur an dem Korn, sondern auch an anderen Kreaturen ist es zu sehen, wie durch Gottes Schaffung und Allmächtigkeit das Leben aus dem Tode kommt. Geh hin zum Kirschbaum, greif um Weihnachten sein Reislein: so findest du an dem ganzen Baum kein grünes Blättlein, keinen Saft noch Leben, sondern du findest einen dürren kahlen Baum, der lauter totes Holz ist.

Kommst du aber nach Ostern wieder, so beginnt der Kirschbaum wieder lebendig zu werden: das Holz ist saftig und die Reislein gewinnen Äuglein und Knötlein. Näher zu Pfingsten werden aus den Äuglein Sträuchlein. Die tun sich auf, und aus dem Sträuchlein kommen weiße Blümlein. Wenn sich das Blümlein auftut, so siehst du ein Stielchen. Aus dem Stielchen kommt ein Kern, der härter ist als der Baum. Inwendig im harten Kern wächst ein anderer Kern, nicht so hart wie der erste Kern, sondern etwas weicher, damit er zum Essen dienen kann, so wie das Mark im Knochen wächst. Auswendig um den harten Kern, ringsherum, wächst die mit einer Haut überzogene Kirsche, wie Fleisch und Knochen wächst und mit Haut und Knochen umgeben ist. Die Kirsche wächst so fein lustig rund, daß sie kein Drechsler so rund machen kann. Wie geht das zu, daß durch das Reislein am Kirschbau, das um Weihnachten dürre und tot ist wie Besenreis, ein Knötlein wächst und aus dem Knötlein ein weißes Blümlein kommt und aus dem Blümlein ein Stielchen kommt und durch das Stielchen ein Kern wächst, der inwendig wieder einen Kern und auswendig eine Kirsche bringt? Das Stielchen ist zuerst ein so kleines Spitzlein im Blümlein, daß man kaum an der Nadelspitze hindurchstechen könnte. Dennoch wächst im Kern hierdurch, und dies hat sein Mark, Fleisch, Blut und Haut.

Ist das nicht ein wunderbares Geschöpf Gottes? Keine Kreatur kann solch ein Geschöpf so machen: kein Mensch, kein König, wie mächtig er auch sei, kein Doktor, wie gelehrt, weise und klug er sei, kann ein einziges Kirschlein schaffen. Und wenn wir das nicht jährlich vor unseren Augen sehen, so würden wir es nicht glauben, daß aus einem dürren Reislein eine so schöne liebliche Frucht so wunderbarlich wachsen sollte. Woher kommt nun der Kirschbaum? Kommt er nicht aus einem dürren toten Kern? Wenn die Vögel die Kirschen auf dem Baum abfressen und die Kerne auf dem Stielchen stehen bleiben, so werden sie welk und dürre, fallen herab unter den Baum oder werden auch sonst in den Garten gestreut. Da geht man mit den Füßen drüber hin und achtet es nicht. Nach einem Jahr schießt aus dem Kern ein Bäumlein. Das wird von Jahr zu Jahr größer, so daß es nach zehn, zwanzig Jahren ein großer Baum ist und statt eines Kerns, aus dem er gewachsen ist, viele tausend Kirschen trägt. Sagst du es um Ostern: Ho, wie sollte aus dem Äuglein eine Kirsche und aus dem Kern ein Baum werden? Du Narr, hast du es früher nie gesehen? Laß Margaretentag kommen, da will ich dir die Kirschen zeigen, die aus den Äuglein gewachsen sind. Und siehe ein Jahr, zwei, fünf, zehn Jahre später, ob nicht dann ein großer Baum dastehen wird, wo jetzt ein kleiner Kern liegt? Darum lieber Hans Pfriem, tu die Augen auf und sieh den Kirschbaum an: der wird dir predigen von der Auferstehung der Toten und dich lehren, wie das Leben aus dem Tode kommt.«

142　Glauben, Denken, Wirken

Mein liebes Deutschland

Luther hat sich auch als ein Diener seines Landes verstanden. Man mag ihm glauben, daß er sich lieber dem intensiven Studium der Heiligen Schrift, der Predigt und dem Gebet hingegeben hätte. Aber die »Not und Beschwerung« hat ihn gedrängt, »zu schreien und zu rufen, ob Gott jemand den Geist geben wollte, seine Hand zu reichen der elenden Nation«. Aus dem Pathos – dem Leiden – heraus hat er sich als ein Deutscher an die Deutschen gewandt. Mit Nationalismus hat dies nichts zu tun.

In seiner großen Schrift »An den christlichen Adel deutscher Nation« ruft er 1520 die weltliche Obrigkeit zum Widerstand gegen die Tyrannei Roms und zur Beseitigung der Mißstände in ihren Landen auf.

Zehn Jahre später schreibt er resigniert: »Ich bitte Gott um ein gnädiges letztes Stündlein, daß er mich von hier fortnehme und nicht sehen lasse den Jammer, der über Deutschland kommen muß. Denn ich behaupte: Wenn zehn Mose dastünden und für uns beteten, würden sie doch nichts ausrichten. So fühle ich's auch, wenn ich für mein liebes Deutschland beten will, daß mir das Gebet zurückprallt und nicht hinaufdringen will, wie es sonst tut, wenn ich um andere Dinge bitte. Denn es wird geschehen, daß Gott Lot erlösen wird und Sodom vernichten. Gott gebe, daß ich lüge und in dieser Sache ein falscher Prophet sei.«

Luther gehört nicht zu denen, die gern Kassandra sind. Er will, daß sich etwas ändert im Land. Wenn die Deutschen ihr Leben an die Güter der Welt hängen, die Predigt vom Evangelium verachten, »so tut mir's leid, daß ich als Deutscher geboren bin oder je deutsch geredet oder geschrieben habe«. Kämen die Deutschen nicht zur Umkehr, drohe dann nicht, daß uns »Türken und Tataren ausplündern? Ja, es wäre kein Wunder, wenn Gott Türen und Fenster in der Hölle öffnete und lauter Teufel unter uns schneien oder hageln oder vom Himmel Schwefel oder höllisches Feuer regnen ließe und uns allesamt in den Abgrund der Hölle versenkte wie Sodom und Gomorra.«

Seite 142
58 Schwarzrotgold
im Lutherjahr 1983.
Fotomontage von
Matthias Klemm,
1983

Neben solchen apokalyptischen Szenarios, die seine Seelenlage und Enttäuschung widerspiegeln, bringt Luther seinen Dank an Gott zum Ausdruck, der sich dem deutschen Volk in einer bestimmten geschichtlichen Stunde in besonderer Weise zugewandt habe. Aber die Menschen, schreibt er 1524, müßten »Gebrauch von Gottes Gnade und Wort (machen), solange es da ist, denn das sollt ihr wissen: Gottes Wort und Gnade ist ein fahrender Platzregen, der nicht wiederkommt, wo er einmal gewesen ist.«

Nach dem Augsburger Reichstag 1531, der für ihn äußerst enttäuschend verlaufen ist und ihn fürchten läßt, daß es zu kriegerischen Auseinandersetzungen kommt, weil der Kaiser sich – wider Erwarten – ganz auf die Seite Roms gestellt hatte, verfaßt Martin Luther eine Warnung an seine »lieben Deutschen«. Er geißelt darin die Verlogenheit und Hinterhältigkeit der politischen Ränke, was »auf deutsch heißt: kalt und warm aus einem Maul blasen«. Ihn deprimiert, daß »das Schreien um Frieden nicht erhört werden will«. Deshalb fühlt er sich als ein Deutscher unmittelbar herausgefordert – zur Warnung gegen die Papisten, die sich nun auch mit dem Kaiser verbunden haben.

Es gibt Äußerungen Luthers, die sich autoritäre oder diktatorische Herrscher in Deutschland trefflich zunutze machen konnten: »Deutschland ist wie ein kräftiges Pferd, das Futter und alles hat, dessen es bedarf. Es fehlt ihm aber an einem Reiter. Gleich wie nun ein starkes Pferd ohne einen Reiter in die Irre läuft, so ist auch Deutschland stark genug an Kräften und Menschen, es mangelt ihm aber an einem Regenten.« Es bedürfe der ordnenden, weisen und entschlossenen Hand eines Kaisers. Mit dem neuen Geist des Evangeliums sollten nicht mehr verblendete Leute oder »wilde, wüste Tyrannen regieren«. Doch 1933 vertrauten sich die Deutschen – nach dem »Durcheinander der Weimarer Systemzeit« – dem Führer an, der sie ins Unheil ritt.

Luther will alles daransetzen, daß Glaubensdifferenzen nicht zu tödlichen Machtfragen werden, nicht zu einem Krieg führen. »... also bezeuge ich dir auch, daß ich nicht zu Krieg, noch Aufruhr (noch Gegenwehre) will jemand hetzen oder reizen, sondern allein zum Frieden«, erklärt er.

Luther versteht sich als Apostel und Prophet für die Deutschen, nicht als deutscher Prophet. 1526 schreibt er: »Aber solange ich am Leben, hat mich Gott verordnet, jedermanns Diener zu sein, so viel mir möglich ist, daß ich lehren, unterrichten, warnen und vermahnen soll, was nützlich und zur Seligkeit dienlich ist.«

Immer wieder hat er von den deutschen Bestien gesprochen, die alles für die Besserung tun müßten. In seinen Tischreden ist er auch auf die deutschen Tugenden eingegangen: »Uns Deutsche hat keine Tugend so sehr berühmt gemacht und – wie ich glaube – bisher so hoch erhoben und erhalten, als daß man uns für treue, wahrhaftige, beständige Leute gehalten hat, die da Ja Ja und Nein Nein haben sein lassen. Des sind viele Historien und Bücher Zeugen.«

Daß der böse Feind keine Macht an mir finde
Luther und der Teufel

Luthers Morgen- wie Abendgebet schließt mit der Bitte: »dein heiliger Engel sei mit mir, daß der böse Feind keine Macht an mir finde«. Gott habe den Menschen »in gegenseitigen Krieg und Kampf gestellt« mit einem so starken und großen Geist und gegen dessen Macht keine anderen Waffen in die Hände gegeben, »als hier und da ein Wort der Schrift, welches wir im Glauben ergreifen sollen und seine so großen Uebelthaten durch das Wort besiegen sollen«. Es sei schwierig, den Teufel als Teufel zu identifizieren. »Wenn man aber den Satan kennt, daß es Satan ist, kann man leicht seinen Stolz zu Schanden machen, indem man spricht: Leck mich im Ars, oder: Scheiß in die Hosen und häng's an den Hals.«

Der Mensch ist ein »Schlachtfeld« zwischen Gott und dem Teufel – jedem kann ein guter Engel oder ein böser Geist im Nacken sitzen. Für Luther ist der Mensch »nicht jener Esel, der in ›selbstverschuldeter Unmündigkeit‹ sich zwischen zwei Haufen nicht zu entscheiden weiß –

diesem Esel könnte durch Aufklärung geholfen werden. Nein, die Situation des Menschen hängt nicht an dem   Maß seiner Aufklärung, sondern an seinem vorgegebenen Geschick, als ›Reittier‹, entweder von Gott oder vom Teufel geritten, selbst aber ohne Wahl, ohne Entscheidungsfreiheit, ohne Möglichkeit zur Selbstbestimmung.« (Heiko A. Oberman)

Der Teufel erscheint Luther in vielerlei Verpuppungen: Anfechtung, Traurigkeit, Versuchung, Macht- und Ehrsucht. Er ist der nie zu unterschätzende Verneiner, Verderber, Zerstörer. Am liebsten spiele er den Theologen und versuche mit seinen Spitzfindigkeiten, seiner Scheinmoral Menschen in Zweifel und Melancholie zu stürzen und die Freiheit des Glaubens wieder zu rauben.

»Heut, sprach D. M. Luther, da ich erwachte, kam der Teufel und wollte mit mir disputiren, objicirete und warf mir vor, ich wäre ein Sünder. Da sprach ich: Sage mir etwas Neues, Teufel, das weiß ich vorhin wohl. Ich habe sonst viel rechter, wahrer Sünden gethan; es muß rechtschaffene Sünde da sein, nicht gedichtete und erdachte Sünde, die ihm einer selbst ausspeculiret, die Gott vergeben soll um seines lieben Sohns willen, der meine Sünden allzumal auf sich von mir genommen hat. Hast du aber nicht genug daran, du Teufel, so hab ich auch geschissen und gepinkelt, daran wische dein Maul, und beiße dich wohl damit.«

Luther gründet seine Sache nicht auf sich, sondern auf Christus. Es »pflegt der Bösewicht mir oft vorzuwerfen und mich zu plagen: ich bete nicht. In Summa, er ist ein geschwinder Geist, der einem nach dem Schwert greift und zuweilen auch aus der Hand reißet,

59 Albrecht Dürer,

Die Apostel

Johannes und

Petrus.

Gemälde, 1526

wenn unser Herr Gott hinter das Thürlein tritt und sich ein wenig verbirget. Darum muß es immer gebetet sein: Ach lieber himmlischer Vater, hilf um Christi willen. – Es soll auch niemand sich unterstehen, mit ihm zu kämpfen, er bete denn zuvor mit großem Ernst. Er ist ein Tausendkünstler, der uns viel zu stark und mächtig ist, denn er ist der Welt Fürst und Gott. So ist er uns auch viel zu klug und listig, und hat sein Handwerk, Lügen, Trügen, Verführen und Morden lange Zeit getrieben.«

Täglich rücke der Teufel den Menschen buchstäblich auf den Pelz und versuche sie Christus zu entfremden. »Gleichwohl bringt er mir's oft mit deinem Disputiren so nahe, daß mir der Angstschweiß drüber ausgeht. Heftig zornig ist er, das verstehe und fühle ich wohl. Er schläft viel mehr und näher bei mir, denn meine Kätha, das ist, er machet mir mehr Unruhe, denn sie mir Freude.«

Beim Apostel Lukas heißt es: »Was hoch ist unter den Menschen, das ist ein Greuel vor Gott.« Daraus schließt Luther: »Wer hoch will fahren, der nehme des Teufels eben wahr, daß er ihn nicht stürze: Denn seine Art ist, daß er erstlich in den Himmel führet, darnach in Abgrund der Hölle stößet.«

Das beste Mittel gegen Anfechtungen des Teufels sei der Glaube »an Jesum Christum; denn derselbige ist darum kommen, daß er trösten und lebendig machen will und die Werke des Teufels zerstören solle. Wenn das nicht helfe, rät Luther, »daß man Kurzweil treibe mit Spazierengehen, Essen, Trinken, zun Leuten gehe, rede und fröhlich sei. Mit mir ist also, wenn ich des Nachts erwache, so kommt der Teufel bald und disputiret mit mit, und macht mir allerlei seltsame Gedan-

60 Albrecht Dürer,
Die Apostel Paulus
und Markus.
Gemälde, 1526

ken, bis solange ich mich ermuntere und sage: Küsse mich aufs Gesäß; Gott ist nicht zornig, wie du sagst.«

Weil »alle Traurigkeit und Schwermut vom Teufel kommt, so muß man Gott um seinen heiligen Geist bitten, welcher ein gar geherzter Verächter ist des Todes und der Fahr. Derselbige ist der Trotz. Wenn nun der Teufel mir diese Gedanken eingibt, wohlan, wie du willt, du mußt doch sterben, so gebe ich die Antwort und spreche: Nein, ich werde nicht sterben, sondern leben. Denn wo Christus ist, da ist Freude, Friede und Leben.«

Luther 2003 im Dialog

Ich stelle mich im Sommer 2003 vor sein Denkmal auf den Wittenberger Marktplatz. Da steht er, etwas füllig und tumb-stiernackig. Er wirkt unerschütterlich, weist mit dem Finger auf die aufgeschlagene Bibel. Ihm gegenüber steht im Cranachjahr eine Installation: ein pinkfarben gestrichener Luther auf einem Holzpodest. Pappmaché gegen Bronze, Schwarz gegen Rot. Original des 19. Jahrhunderts gegen Kopie des 21. Jahrhunderts.
Ich denke mir einen Dialog, so wie er ihn sich immer gewünscht hat. Fragen und Antworten. Belegen und Widerlegen. Erörtern und Vertiefen.

Sie, Herr Dr. Luther, wissen viel vom Menschen, nicht bloß durch Beobachten und Studieren, sondern durch eigenes Erleben.
Glauben Sie wirklich, daß Auswendiglernen der richtige Weg ist, um zu tieferer Erkenntnis oder gar zum Glauben zu kommen? Gewiß, wortgewordene Wahrheit ins Innerste aufnehmen, um das Äußerste zu bestehen, das bleibt wohl wichtig. Einige zentrale Texte, Gedichte, Lieder, Psalmen muß man in sich tragen, auch Wort für Wort. Das auswendig Gelernte ist aber noch längst nicht das innerlich Angenommene. Ein jeder Mensch braucht seine eigene Glaubenserfahrung und Gottesbegegnung. Sie sind durch viele Untiefen des Zweifels, ja existentielle Nöte hindurch-

gegangen, ehe Sie den Christusglauben als eine lebensbefreiende Erfah-
rung finden konnten.

Mit dem Katechismus läßt sich keine Kirche machen!

Bedenket, wie der Apostel Lukas von der Mutter Maria erzählt, nachdem unser Herr zur Welt gekommen, die Engel gesungen und die Hirten angebetet hatten.

Wer das Evangelium gänzlich verstehen will, der gehe bei Maria in die Schule.

Das achte Gebot »Du sollst nicht falsch Zeugnis reden wider deinen Nächsten« bedeutet: Du sollst die Wahrheit sagen. Es genügte vielleicht schon, kein falsches Zeugnis über einen anderen zu geben. Aber die Leute gieren nach Skandal und Sensation, können sich nicht satt sehen und hören an den großen und kleinen Verfehlungen anderer. Sie werden Nutznießer und Speichellecker der Lüge. Das ist menschlich.

Alles, was Ihr wollt, daß Euch die Leute tun, das tut ihnen auch.

Wie kann man das achte Gebot erfüllen?

Die Erfüllung des achten Gebotes ist eine friedsame, heilsame Sprache, die niemandem schadet und jedem nützt; eine Zunge, die die Zerstrittenen versöhnt, die Verleumdeten entlastet und besonnen spricht, das heißt wahr und eindeutig.

Sie wurden ein Mönch und lebten asketisch. Dann haben Sie das Kloster verlassen, haben sehr gern gegessen und getrunken. Sind die leiblichen Genüsse gut oder schlecht?

Es ist Dir selbst durch Gott und jedermann vergönnt, daß Du nicht allein zu Deiner Notdurft, sondern ebenso zur Lust und Freude ißt und trinkst und guter Dinge bist. Aber daran darfst Du Dir nicht genügen lassen, außer wenn Du auch ein solches Schwein und Ekel sein wolltest, so, als wärest Du bloß dazu geboren, Bier und Wein zu verbrauchen. Essen, Trinken und Kleiden sind uns nicht verboten worden. Nur: daß wir dabei dennoch nicht unflätig und Schweine werden und so die Vernunft schändlich begraben. Petrus will keine unflätigen, rostigen und schmutzigen Mönche oder sauer dreinsehende Heilige mit Heucheleien und mit dem Schein eines vortrefflichen asketischen Lebens haben. Gott

hat nichts dagegen, daß Du Dich nach Deinen Möglichkeiten kleidest, schmückst und vergnügst, zu Ehren und zu angemessenen Freuden. Allein: es muss bei einem bestimmten Maß bleiben und Mäßigkeit heißen.

Herr Dr. Luther, wenn die politischen Verhältnisse unmenschlich sind und sich keine Wendung zum Besseren abzeichnet, soll man da nicht die Mächtigen mit Gewalt beseitigen und eine neue Regierung einsetzen?

Der Herr Omnes (also die Mehrheit) ist zur Aufruhr geneigt. Aber das sind keine Christen, die über das Wort hinaus auch mit den Fäusten etwas tun wollen.

Aber, Herr Dr. Luther, das Land braucht einen neuen Anfang.

Obrigkeit ändern und Obrigkeit bessern sind zwei Dinge, so weit voneinander … wie Himmel und Erde. Wenn's dann mag geschehen; besser ist mißlich und gefährlich. … Der tolle Pöbel fragt nicht viel, wie es besser werde, sondern, daß es nur anders werde. Wenn's dann ärger wird, so will er abermals etwas anderes haben. So kriegt er dann Hummeln für Fliegen und zuletzt Hornissen für Hummeln …

Es ist ein verzweifelt, verflucht Ding um einen tollen Pöbel, welchen niemand so gut regieren kann wie die Tyrannen.

Sie waren dem Volk immer nah, und das Volk hat Ihnen zugejubelt. Kann man dem Volk auch viel zutrauen?

Man darf dem Pöbel nicht viel pfeifen, er ist sonst gern toll, und es ist billiger, demselbigen zehn Ellen abzubrechen als eine Handbreit, ja ein Fingerbreit einzuräumen. Und es ist besser, daß ihm die Tyrannen hundertmal Unrecht tun als daß sie den Tyrannen einmal Unrecht tun … Denn der Pöbel hat und weiß kein Maß. Und: In einem jeden von ihm stecken mehr als fünf Tyrannen.

Auch wer unter Tyrannen gelitten hat, kann zu einem Tyrannen werden, gewiß. Wie aber kann man staatliche Gewalt überwinden, wenn sie unerträglich wird?

Der Obrigkeit soll man nicht mit Gewalt widerstehen, sondern nur mit dem Bekenntnis der Wahrheit. Kehret sie sich dran, ist es gut; wo nicht, so bist du entschuldigt und leidest Unrecht um Gottes willen.

S. 150
61 Luther-Denkmal
und Installation auf
dem Marktplatz in
Wittenberg, 2003

Sophokles sagte, man solle einen Menschen nicht beurteilen, bevor man ihn vier Jahr in einem Amte erlebt habe. Sie teilen diese Ansicht. Wäre es nicht am besten, den klügsten Mann auszuwählen und an die Spitze zu setzen?

Du sollst wissen, daß von Anbeginn der Welt es gar ein seltener Vogel ist um einen klugen Fürsten, noch viel seltener um einen frommen Fürsten. Sie sind gemeiniglich die größten Narren und ärgsten Buben auf Erden.

Sollte man die Welt mit der Bergpredigt regieren statt mit Gesetzen, Verboten und Kontrollen, mit Polizei und Armee, mit Ordnungs- und Finanzämtern?

Siehe zu und mach die Welt zuvor voll rechter Christen, ehe Du sie christlich und evangelisch regierst. Das wirst Du aber nimmermehr tun, denn die Welt und die Menge sind und bleiben Un-Christen, ob sie gleich alle getauft und Christen heißen. Aber die Christen wohnen, wie man sagt, fern voneinander. Darum ist's in der Welt nicht möglich, daß ein christliches Regiment sich über alle Welt erstrecke, ja nicht einmal über ein Land oder eine große Menge.

Denn der Bösen sind immer viel mehr als der Frommen. Ein ganzes Land oder die Welt mit dem Evangelium zu regieren, sich zu unterwinden, das ist ebenso, als wenn ein Hirt in einem Stall Wölfe, Löwen, Adler und Schafe zusammentäte und ein jegliches frei neben dem anderen laufen ließe und sagte: ›Da, weidet und seid rechtschaffen und friedlich untereinander. Der Stall steht offen. Weide habt ihr genug. Hund und Keulen braucht ihr nicht zu fürchten.‹ Hier würden die Schafe wohl Frieden halten und sich friedlich weiden und regieren lassen; aber sie würden nicht lange leben, noch ein Tier vor dem anderen übrigbleiben.

Also taugt die Botschaft der Liebe und der Barmherzigkeit nicht für die Wirklichkeit, Herr Dr. Luther?

Es gibt zweierlei Reiche. Eins ist Gottes Reich, und das andere ist das Weltreich. Wer diese zwei Reiche recht voneinander zu scheiden weiß, wird auch die Sprüche von der Barmherzigkeit richtig verstehen.

Gottes Reich ist ein Reich der Gnade und Barmherzigkeit und nicht ein Reich des Zorns oder der Strafe. Denn daselbst ist eitel Vergeben, Schonen, Lieben, Dienen, Wohltun, Friede und Freude haben.

Seite 153
62 Uwe Pfeifer,
Tischgespräch
mit Luther.
Mittelteil des
Triptychons.
Öl auf Hartfaser,
1984

Aber das weltliche Reich ist ein Reich des Zorns und Ernstes. Denn daselbst ist eitel, Strafen, Verbieten, Richten, und Urteilen und die Bösen zu zwingen und die Guten zu schützen . ...

Welch eine feine Barmherzigkeit wäre mir das, daß man dem Diebe und Mörder barmherzig wäre, und mich, von ihm ermordet, geschändet und beraubt bleiben ließe? Der Bösen Bestrafung geschieht allein deshalb, daß die Guten geschützt, Friede und Sicherheit erhalten werden.

Herr Dr. Luther, wir leben in der Marktwirtschaft. Wie denken Sie über dieses System?

Paulus schreibt: »Der Geiz ist eine Wurzel allen Übels.« Und doch kann man nicht leugnen, daß Kaufen und Verkaufen ein notwendig Ding ist, das man nicht entbehren und wohl christlich brauchen kann, sonderlich in den Dingen, die zur Notdurft und in Ehren dienen, zum Wohle der Menschen.

Es gibt unter uns viele Erfolg-Reiche, die Probleme haben mit dem Steuerabschreiben ihrer großen Gewinne und noch mehr Arme und Arbeitslose, die keinen Zugang zu den Grundgütern haben.

Sollen Recht und Redlichkeit bleiben, müssen die Großhandels-gesellschaften abgeschafft werden. »Das Bett ist zu eng«, sagt Jesaja, »einer muß herausfallen und die Decke ist zu schmal, beide kann sie nicht bedecken.«

Der einfache Mann ist zu sehr geprüft und auf über alle Maßen auf's Hinterhältigste bedrückt, in Erregung und Verdruß über den Schaden, den er an Gut, Leib und Seele erlitten hat, und kann und will das hinfort nicht mehr erdulden und hat gute Gründe dafür, mit Flegeln und Keulen dazwischenzuschlagen. Aber Aufruhr ist ohne Vernunft und bringt gewöhnlich den Unschuldigen mehr Schaden als den Schuldigen. Deshalb ist kein Aufruhr gerechtfertigt, wie gerecht seine Sache auch immer sei.

Verstehen Sie die Menschen nicht, die sich gegen Ungleichheit auflehnen? Wenn jeder Mensch gleichen Wert hat, muß er dann nicht auch gleiche Rechte haben? Müßten nicht alle gleich viel verdienen? Oder finden Sie grobe soziale Unterschiede richtig?

Du mußt Dir vornehmen, im Handel nicht mehr als Deine Dir zustehende Nahrung zu suchen, danach die Unkosten, die Mühe, die Arbeit und das Risiko berechnen, überschlagen, und so also den Preis der Ware selber festsetzen, ihn steigern oder herabsetzen, damit Du auch einen Lohn für solche Arbeit und Mühe hast.

Wie hoch aber Dein Lohn zu schätzen sei, den Du mit einem solchen Handel oder einer solchen Arbeit verdienen darfst, kannst Du am besten berechnen und erkennen, daß Du die Zeit und die Schwere der Arbeit überschlägst und zum Vergleich einen gewöhnlichen Tagelöhner nimmst, der sonst irgendwo arbeitet, und siehst, was dieser an einem Tag verdient. Danach berechne, wie viele Tage Du Dich gemüht hast, die Ware zu holen und zu erwerben, wie schwer die Arbeit war, wie groß das Risiko, das damit verbunden war. Denn schwerere Arbeit und viel Zeit muß auch größeren Lohn haben.

Wer Geld hat, hat keine Sorgen, sagt man. Glauben Sie, daß Geld frei und glücklich macht?

Geld ist das Wort des Satans, durch das er alles in der Welt schafft … Alles stinkt vor Habsucht, ja, ist darin ersoffen und ertrunken wie in einer großen Sintflut … Das ist eine Arglist der Habsucht, die nur auf die Bedürfnisse der Nächsten schielt, aber nicht, um ihnen zu helfen, sondern um sie für sich auszunutzen und an dem Schaden seines Nächsten reich zu werden. Das sind alles offenkundige Diebe, Räuber und Wucherer, die sich kein Gewissen daraus machen, ihre Ware auf Borg und Zeit teurer zu verkaufen als für bares Geld. Je mehr wir haben, um so mehr wollen wir haben!

Sie glauben doch nicht, daß Christen bessere Menschen sind? Welche Eigenschaften sollten sie auszeichnen?

Ein Christ muß diese drei Eigenschaften haben: Er muß geben, leihen und leiden.

Einer sollte des anderen täglich Brot werden; einer sollte des anderen Christus sein. In diesen zwei Stücken besteht das ganze christliche Leben: Glaube an Gott, hilf deinem Nächsten! Und dieses wisset bei allem, was ihr tut: Die Freude ist der Doktorhut des Glaubens.

Können wir den Lauf der Welt positiv beeinflussen – wenigstens in bescheidenem Maß – oder bleibt letztlich alles beim alten?

Geh Du hin, sei klug und mach's gut! So geht's denn flugs an. Ja, den Krebsgang, und das Ende vom Lied heißt: Es ist alles ganz eitel! Alleine Gott soll man die Weisheit und die Ehre geben; wir sind Narren und elende Hümpler mit unserem Tun und Kunst.

Herr Dr. Luther, haben Sie nicht oft mit Ihrem Gott gehadert und nicht verstanden, was er von Ihnen wollte?

»Ich danke Dir, daß Du mich demütigst und bist mein Heil.« So steht es in der Bibel. Dieser Vers macht fröhlich: Bist Du nicht ein wunderbarer, lieblicher Gott, der Du uns so wunderbar und freundlich regierst? Du erhöhest uns, wenn Du uns erniedrigst; Du machst uns gerecht, wenn Du uns zu Sündern machst; oder Du führst uns gen Himmel, wenn Du uns in die Hölle stößest; Du gibst uns den Sieg, wenn Du uns unterliegen lässest; Du machst uns lebendig, wenn Du uns töten lässest; Du tröstest uns, wenn Du uns trauern lässest; Du machst uns fröhlich, wenn Du uns heulen lässest; Du machst uns singen, wenn Du uns weinen lässest; Du machst uns stark, wenn wir leiden; Du machst uns weise, wenn Du uns zu Narren machest; Du machst uns reich, wenn Du uns Armut zuschickest; Du machst uns zu Herren, wenn Du uns dienen lässest – und dergleichen unzählige Wunder mehr.

Worauf es zuletzt ankommt

In drei Texten ist alles gesagt, was Luther zu sagen hat. Jeder steht für sich. Keiner kann aus seiner Haut. Jeder kann durchkommen.

Jeder steht für sich

Der ins Leben geworfene Mensch, auf der Suche nach sich selbst, nach Liebe, nach Lebenssinn oder wenigstens nach einer Lebensaufgabe, bleibt ein Einzelner; er kann sich von niemandem vertreten lassen, zumal, wenn die Stunde schlägt, wo er dem Tod – Gott oder dem Nichts – ins Auge sieht.

»Wir sind allesamt zu dem Tod gefordert und wird keiner für den andern sterben, sondern ein jeglicher in eigener Person für sich mit dem Tod kämpfen. In die Ohren können wir's wohl einander schreien, aber ein jeglicher muß für sich selber bereitet sein in der Zeit des Todes: Ich werde dann nicht bei Dir sein noch Du bei mir. Hierbei muß jedermann selbst die Hauptstücke, so einen Christen angehen, wohl wissen und darin gerüstet sein.«

Keiner kann aus seiner Haut

Im Gebet schonungslos der Wahrheit ins Gesicht sehen können. Ehrlichkeit der Selbstbefragung. Erkenntnis der eigenen Schwäche. Vertrauen auf Gottes Hilfe. Hier spricht er den berühmten Satz »Ich kann nicht anders« aus, nicht trotzig. Demütig.

Wer kann schon aus seiner Haut? Aber – der »homo incurvatus in se« (der in sich selbst verkrümmte Mensch) kann aufgerichtet werden und aufrecht leben.

»Siehe, mein Herr Christus, da hat mir mein Nächster Schaden zugefügt. Er hat mich in meiner Ehre gekränkt. Er hat sich an meinem Eigentum vergriffen. Das kann ich nicht ertragen. Darum wünsche ich ihm den Tod an.

Ach mein Gott, laß dir das geklagt sein!

Eigentlich sollte ich ihm verzeihen, aber ich kann es leider nicht! Siehe, wie ich so ganz kalt, ja so ganz erstorben bin. Ach Herr, ich kann mir nicht helfen!

Da stehe ich nun; machst du mich anders, so kann ich nach deinem Willen und nach deiner verzeihenden Liebe handeln. Wenn nicht, dann muß ich bleiben, wie ich bin.

Ich kann nicht anders.«

Jeder kann durchkommen.

Besser als jede theologische Erörterung vermögen diese Zeilen voll kindlichem Vertrauen klarzumachen, was Grundvertrauen eines Christen ist:

Mir ist es bisher wegen
angeborener Bosheit und Schwachheit
unmöglich gewesen, den
Forderungen Gottes zu genügen.
Wenn ich nicht glauben darf,
daß Gott mir um Christi willen
dies täglich beweinte Zurückbleiben
vergebe, so ist's aus mit mir. Ich muß verzweifeln.
Aber das laß ich bleiben.
Wie Judas an den Baum mich hängen, das tu ich nicht.
Ich hänge mich an den Hals oder
Fuß Christi wie die Sünderin.
Ob ich auch noch schlechter bin als diese,
ich halte meinen Herrn fest. Dann spricht er zum Vater:
Dieses Anhängsel muß auch durch.
Es hat zwar nichts gehalten
und alle deine Gebote übertreten.
Vater, aber er hängt sich an mich.
Was will's! Ich starb für ihn.
Laß ihn durchschlupfen.
Das soll mein Glaube sein.

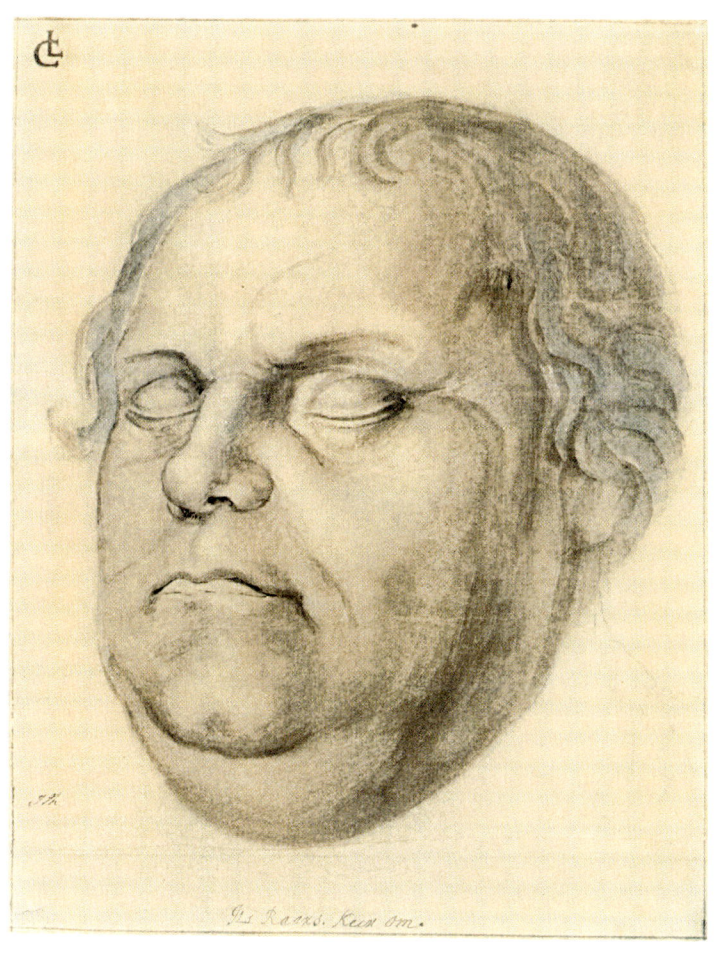

63 Furttenagel,
Luther auf dem
Totenbett.
Zeichnung, 1546

D. Doctor M. Lutherus
ad Ro. Imp. Carol. V. Vorm
in Comitijs Vormariensib.

Gratiam et pacem cum omni subiectione sui in christo Ihesu domino
nostro Serenissimo et invictissimo Imperator item domino clementissimo
Cum Sacra tua Maiestas me publica sua litera condicti evocasset
Vormatiam, exploratura animum meum super libellis meo nomine editis
et ego cum omni humilitate veram S. maiestati tuae ministerioque
imperij ordine comparuissem obediens per omnia, proponi mihi
mandavit Serenitas tua, imprimis an libellos praedictos agnoscerem tanquam meos et an revocare eos vel in eis perseverare
paratus essem nec ne. Ego vero ubi meos esse agnoscerem
(modo nullius vel adversarij vel scioli ingenio quarta quaeque
in eis immersum aut immutatum esset) iudicavi cum recte
recitata et solemniter multa, cum esse mihi animum, quod cum
libellos meos claros et apertis scripturis minuissem, mihi
non est integrum neque aequum neque ullo modo consistendum
verbum dei neque, et libellos meos eo pacto revocarem
rogans humiliter ut S. M. tua me ad huiusmodi revo-
cationem exigi pateretur. illo modo. Sed hoc potius vererer, ut
libelli mei sine praescriptum sine per alios tam confirmaverim, ordine vel minimas (si quam posset), praescribere. Rationes quas
neque censerunt, litteris divinis, sed Evangelicis et propheticis
redarguere dignaremur. offerens me christiana promptitudinem
si redarguerim et remotus de errore fuissem, cum me revocaturum
et primum futurum, quod libellos meos igni traderem et studens
revocarem. petitum est cum et datum a me super his enim
ut simpliciter et plane responderem. paratus igitur revocare
nec ne, tum ego iterum, quam potui humilitate responsi. Rogando

Die Finger wund geschrieben
Die Briefe Luthers

Kräftiger trinken,

zwangloser plaudern,

öfter essen –

um den Teufel zu verspotten.

»Katherin, laß mich zufrieden mit Deiner Sorge ...«

Alles, was Luther will, ist in seinen Briefen enthalten. In diesen erörtert er aber nicht, sondern redet er an, spricht zu, richtet auf und zurecht, mahnt und tröstet. Vor allem aber ist Luther als Person erkennbar.

Auf dem Höhepunkt des Konfliktes zwischen »Kirche« und »Ketzer« meint Luther 1521, daß er nichts mehr wünsche, als dem Wüten der Feinde entgegenzutreten und ihnen seinen Hals darzubieten. Und genau das tut er in seinen Briefen.

Nirgendwo wird authentischer, überzeugender und bewegender als in seiner Korrespondenz deutlich, was den Bergmannssohn aus Eisleben als Menschen ausgemacht hat. Ablesbar werden seine Entwicklungen, die Höhen und Tiefen seines Lebens, seine dialogische aber auch rechthaberische Art.

Mehr als 2 500 seiner Briefe sind uns erhalten, die meisten lateinisch geschrieben. Mitunter wechselt er zwischen deutsch und lateinisch. Deutsche Sätze enthalten bisweilen besondere Pointen. Luther hält sich an die Regeln des Briefschreibens, durchbricht sie zugleich aber souverän. Sein Tonfall orientiert sich an Adressaten. Seine Briefpartner sind Familienangehörige und Freunde, Pfarrer, Bischöfe und Päpste, Ratsherren und Bürgermeister, der Kaiser und die Landesherren, Städte und Länder. Am dichtesten sind die Briefe an seine Freunde, wie Melanchthon, Spalatin und Jonas, die persönlichsten richtet er an seine Käthe, an Vater und Mutter.

Wie humorvoll Luther sein konnte, zeigt jene ironische »Klageschrift der Vögel an Lutherum« gegen seinen Diener Wolfgang Sieberger, der einen tückischen Vogelherd aufgestellt hatte. Die Vögel beschweren sich, daß dieser sein Diener » uns allen die Freiheit, zu fliegen in der Luft und auf Erden Körnlein zu lesen, von Gott uns gegeben, zu wehren vornimmt, dazu uns nach unserm Leib und Leben stellt«.

Und so wollen sie Gott bitten, daß er seinem frevelhaften Tun eine Ende bereite und er eines Tages auf seinem Herde »Frösche,

Seite 160

64 Erste Seite von Luthers Brief an Kaiser Karl V. nach dem Wormser Reichstag, Friedberg 28. April 1521

Heuschrecken und Schnecken« an unser statt fange und zu Nacht von Mäusen, Flöhen, Läusen, Wanzen überzogen werde.

Diese Satire geißelt des Menschen Hybris im Umgang mit der anderen Kreatur.

Luther geht es in seinen Briefen nicht zuförderst um die *Lehre*, sondern darum, daß diese bei den Menschen ankommt – zu des Menschen Nutz, Trost und Gewißheit des Glaubens. So zeigen die Briefe ihn als den einfühlsamen und kräftig zurechtrüttelnden Seelsorger, Theologen und Professor, Berater und Gutachter.

Er schreibt an Anton Unruhe, Richter in Torgau (1538): »Ihr wisset, Dr. Martinus ist nicht Theologus und Verfechter des Glaubens allein, sondern auch Beistand des Rechts armer Leute, die von allen Orten und Enden zu ihm fliehen, Hilfe und Fürbittschriften an Obrigkeiten von ihm zu erlangen, daß er genug damit zu tun hätte, wenn ihm sonst keine Arbeit mehr auf der Schulter drückte.«

Im gleichen Brief an den Gönner lesen wir: »Mußtet Ihr auch meiner Person noch mit Geschenk eingedenk leben und gar mit einer ganzen Kufe Torgschen Biers Eures Gebräues? Ich bin der Guttat nicht wert, und ob ich schon weiß, daß Ihr nicht arm seid, sondern daß Euch Gott mit Gütern und Fülle gesegnet hat; so hätte ich lieber gesehen, Ihr hättet das Bier Eueren Armen verschenket …«

Und dabei war er wahrlich kein Kostverächter. Mit dem ihm eigenen deftigen Humor schreibt er an seine »liebe Jungfer und Frau Käthe! Euer Gnade sollen wissen, daß wir hie, gottlob, frisch und gesund sind; fressen wie die Böhmen (doch nicht sehr); saufen wie die Deutschen (doch nicht viel), sind aber fröhlich.«

Er bleibt respektvoll gegenüber der *Person* – aber respektlos in der *Sache*. Der Polemiker ist Poet, der Unerschütterliche ein tief Empfindsamer, der Befreite ein Gebundener, der Hochgelehrte ein in dieser Welt Verwurzelter. Der Reformator Europas ist der unscheinbare Nachbar in Wittenberg. Hochgebildet ist er, doch nie eingebildet. Keiner ist ihm zu klein, als daß er sich nicht um ihn kümmerte oder für ihn einsetzte. Selten bittet er für sich, dafür umso öfter für andere.

Luther ist ein freigiebiger Mensch. Als sein Hausdiener Johannes weg-zieht, schreibt er seiner Käthe »Darum denke Du, wie oftmals wir haben bösen Buben und undankbaren Schelmen gegeben, da es alles verloren gewesen ist. So greif nun hier in die Tasche und laß an einem solchen frommen Gesellen auch nichts mangeln, da Du weißt, daß es wohl ange-legt und Gott gefällig ist. Ich weiß wohl, daß wenig da ist; aber ich gäbe ihm gerne 10 Gulden, wenn ich sie hätte, aber unter fünf Gulden sollst Du ihm nicht geben, weil er nicht neu eingekleidet ist. Was Du drüber kannst geben, das tue, da bitte ich drum. Es könnte zwar der gemeine Kasten mir zu Ehren einem solchen meinem Diener wohl etwas schenken, angesichts dessen, daß ich meine Diener muß halten auf meine Kosten zu ihrer Kirche Dienst und Nutz; aber, wie sie wollen. Laß Du es ja an nichts fehlen, solange *ein* Becher da ist.«

Er moniert, daß zu einer Zeit, da er predigen muß, die Leute sich nur den Leib vollhauen, alles in der Habsucht ersoffen ist und keiner fragt, wie es dem Nächsten gehe. Bisweilen rächen die Großhansen in der kleinen Stadt. Als der Zeugmeister zu Wittenberg ihm Mauerschutt in seinen Garten und an sein Haus schmeißt, kann der fromme Mann im Schwarzen Kloster recht zornig werden. Wenn dieser das nicht wegräume, wünschte er ihn »gar kürzlich im Abgrund der Hölle«.

In seinen Briefen kann er wütend, traurig und glücklich sein, bitten, trösten und wettern, erörtern, ermuntern und polemisieren. Von Glaubensmut und Glaubenszweifel, Liebe zum Leben und Todes-sehnsucht, Trost und Dankbarkeit, christlicher Toleranz und christlicher Rechthaberei, Freigiebigkeit und Unterwerfung unter den Mammon, von Freundschaft und Feindschaft, erfahren wir, und von Liebe, Glaube und Hoffnung. Er kann markerschütternd von seinen körperlichen Leiden sprechen, speziell von den Nieren- und Blasensteinen und peinigenden Stuhlverhaltungen. »Der Herr hat mich am Hintern geschlagen (Ps. 78, 66) mit großen Schmerzen. Der Stuhl ist so hart, daß ich ihn mit großer Kraftanstrengung, bis mir der Schweiß ausbricht, herausdrücken muß, und je länger ich es aufschiebe, desto härter wird er. Gestern, am vierten Tag, habe ich einmal Stuhlgang gehabt, daher habe ich auch die ganze

Nacht nicht geschlafen und habe auch jetzt noch keine Ruhe. Ich bitte Dich, bete für mich. Denn dieses Übel wird unerträglich werden, wenn es so weitergeht wie bisher«, schreibt er an Melanchthon.

Die Sehnsucht, endlich zur Ruhe zu kommen, kann soweit gehen, daß er dem kranken Freund Friedrich Myconius 1541 schreibt: »... ich möchte nicht erleben und sehen, daß Ihr oder einige der unsern mir zuvorkommt und mich hier in dieser falschen argen Welt, mitten unter den Teufeln, zurückläßt ... deshalb wäre ich wohl wert und hätte es wohl verdient, daß ich allen zuvorkäme und im Herrn entschliefe. So begehre und bitte ich, daß mich der liebe Gott an Eurer Statt krank werden läßt und mich ablegen heißt diese meine Hütte, die nun ausgearbeitet, ausgedient hat, die verzehrt und kraftlos geworden und deshalb untüchtig ist. Ich sehe es ja auch, daß ich niemand mehr nützlich bin. Deshalb bitte und ermahne ich Euch in allem Ernst, daß Ihr mit uns den lieben Gott bittet, er wolle Euch länger am Leben erhalten zum Dienst und zur Besserung seiner Kirche und dem Teufel zu Spott und Verdruß ...«

Ganz in diesem Sinne wendet er sich an Verzweifelte: »Hebt euch, ihr Teufelsgedanken, in den Abgrund der Hölle mit Sterben und Tod, hie habt ihr nichts zu schaffen! und die Zähne zusammengebissen wider die Gedanken und in Gottes Willen solchen harten Kopf aufgesetzt und halsstarriger und eigensinniger sich gemacht, denn kein böser Bauer oder Weib, ja härter, denn kein Amboß noch Eisen ist. Werdet Ihr Euch so angreifen und wider Euch selbst kämpfen, so wird Euch Gott gewißlich helfen.«

In diesem Sinne vermahnt melancholischen Fürsten Joachim von Anhalt (1534) »als einen jungen Mann«, »immer fröhlich zu sein, zu reiten, jagen und anderer guter Gesellschaft sich fleißigen, die sich göttlich und ehrlich mit Ew. Fürstl. Gnaden freuen können. Denn es ist ja die Einsamkeit oder Schwermut allen Menschen eitel Gift und Tod, sonderlich einem jungen Menschen. ... Wahr ist's, Freude in Sünden ist der Teufel, aber Freude mit guten, frommen Leuten in Gottesfurcht, Zucht und Ehren, obgleich ein Wort oder Zötlein (Scherz) zu viel ist, gefällt Gott wohl.«

Der Glaube eines Christen kann zugleich die Lust am Leben steigern. Hier versteigt sich Luther zu den kühnsten Gedanken, die Ausdruck seiner Grundüberzeugung von der Freiheit eines Christenmenschen sind – von ihm, der sich von Luder zu Luther, zum Eleutherius, in griechischer Bedeutung: zum Befreiten erklärte. Der Glaube schafft uns nie das *gute* Gewissen, sondern das *getröstete* Gewissen, weil nicht die gute oder schlechte Tat den Menschen macht, sondern der Glaube im Menschen die gute Tat hervorbringt. Er soll sich nicht auf sein Gut-Tun verlassen, als ob Gott ein argwöhnischer, peinlichst nachrechnender Krämer wäre, der gute Taten zählen und daraufhin seine Liebe uns zuwenden würde.

Einem angefochtenen Freund, Hieronymus Weller, schreibt er im Sommer 1530: »Ich kenne diese List des Teufels: wenn er jemand im ersten Ansturm der Anfechtung nicht zu überwältigen vermag, dann sucht er ihn durch Beharrlichkeit zu ermüden und zu zermürben, bis er weicht und sich geschlagen gibt. ... Bei dieser Art von Anfechtung und Kampf ist Verachtung das beste und einfachste Mittel, den Teufel zu überwinden. Durch Spiel und Nichtachtung wird dieser Teufel überwunden, nicht durch Widerstand und Disputieren. Treibt deshalb Scherz und Spiel mit meinem Weibe und andern; dadurch vertreibt Ihr die teuflischen Gedanken und bekommt einen guten Mut, lieber Hieronymus. ... sucht auf der Stelle menschliche Gesellschaft, oder trinkt mehr, treibt Kurzweil oder sonst etwas Heiteres. Man muß bisweilen mehr trinken, spielen, Kurzweil treiben, und (hierbei) sogar irgend eine Sünde riskieren, und dem Teufel Abscheu und Verachtung zeigen, damit wir ihm ja keine Gelegenheit geben, uns aus Kleinigkeiten eine Gewissenssache zu machen. ... Wenn ich doch so etwas wie eine auffallende Sünde aufzuweisen hätte, nur um damit den Teufel zu foppen, damit er erkennt, daß ich keine Sünde anerkenne und mir keiner Sünde bewußt bin!«

Solche Übermütigkeit findet sich neben Resignation. Im 60. Lebensjahr schreibt er an Jacob Probst: »Ja, ich bin müde, matt und kalt, ein alter unnützer Mann. Ich habe meinen Lauf vollendet: es bleibt mir noch, daß Gott mich zu meinen Vätern versammelt und der Verwesung und den Würmern ihr Teil wird. Ich habe genug gelebt, wenn das ein Leben war.«

Unermüdlich hat er sich sein Leben lang für Arme und Unterdrückte eingesetzt. 1542 schreibt er an die Grafen von Mansfeld, daß er täglich mit großer Betrübnis hören müsse, wie diese ihre Untertanen zwingen und dringen. Diese möchten bedenken, daß es einreißen könnte, »den Untertanen zu nehmen, was ihr eigen ist: So wird zuletzt ein jeder Oberherr, dem Exempel nach, den Unterherrn auffressen, und wie der Edelmann den Bauer also der Fürst den Edelmann und Grafen. Denn ist's hie recht, so ist' s dort auch recht, was will denn zuletzt werden …?« Besser sei es, reiche Untertanen zu haben, denn selbst reich zu sein. »Denn selbst reich ist bald vertan, reiche Untertanen können allezeit helfen.«

Bereits in der Auslegung zum ersten Gebot spitzt er im Großen Katechismus (1529) zu, daß das Geld der »allergewöhnlichste Abgott auf Erden ist«, woran der Mensch der Natur nach klebt und hängt, bis ins Grab. Er warnt mehrfach die Fürsten, zu viele Steuern zu erheben, Klöster und Ländereien an sich zu reißen, statt darin Schulen zu errichten. Raffgier ist es, die das Gemeinwesen zerrt. In bewegenden Worten kann er davon schreiben, daß »mein kindlich Herz mir wehe tut. So fühlen Eure Gnaden selbst wohl, wie sie bereits kalt und auf den Mammon geraten, gedenken sehr reich zu werden, auch, wie die Klagen gehen, die Untertanen allzu hart und scharf drücken, sie von ihren Erbfeuern und Gütern zu bringen und schier leibeigen zu machen gedenken.«

Und er droht ihnen gar an, sie aus der Kirche, also aus dem Himmel zu verstoßen. »Und dazu zwingt mich nicht allein das Gebot christlicher Liebe, sondern auch das schwere Dreuen, (Ezech. 3,18), damit Gott uns Prediger beladen hat. … Wirst Du dem Sünder seine Sünde nicht sagen und er stirbt darum, so will ich seine Seele von Deinen Händen fordern, denn darum habe ich Dich zum Seelsorger gesetzt.«

Zugleich sind seine Briefe sehr politisch.

Jede Regierung sollte beherzigen, was er zur Einführung neuer Gesetze sagt: »Denn ich wohl weiß, hab's auch wohl erfahren, daß, wenn Gesetze zu früh vor dem Brauch und Übung aufgestellt werden, selten wohl geraten. … Es ist fürwahr Gesetze machen ein groß, gefährlich, weitläufiges Ding, und ohne Gottes Geist wird nichts Gutes daraus. Darum ist mit Furcht und Demut vor Gott hier zu verfahren und dieses Maß zu halten: kurz und gut, wenig und wohl, sachte und immer fort. Danach, wenn sie einwurzeln, wird des Zutuns selbst mehr folgen, als vonnöten ist ...«

Seine Theologie, aber noch mehr seine Existenz ist geprägt durch das ganz und gar Kreatürliche und über das Kreatürliche Hinausgehobene, väterliche Untröstlichkeit über das Sterben seiner beiden Töchter und jenes Wissen, daß »wir in Christus sterben«.

An Nicolaus Hausmann schreibt er 1528: »Mein Hänschen dankt Euch für das Klapperwerk, über das er stolz und froh ist ... Mein kleines Töchterchen Elisabeth ist mir gestorben und hat mir ein gar trauriges, fast weibisches Gemüt hinterlassen; so jammert es mich. Ich hätte nicht gedacht, daß ein Vaterherz so weich werden kann über ein Kind. Betet für mich zum Herrn und gehabt Euch wohl in ihm!«

Noch viel tiefer trifft ihn der Tod der Magdalena. An Justus Jonas schreibt er 1542: »... tief im Herzen eingeprägt ist jeder Zug, jedes Wort, jede Bewegung dieses lebendigen und sterbenden, dieses folgsamsten und ehrerbietigsten Töchterleins, so daß selbst der Tod Christi, mit dem doch kein anderer Tod verglichen werden kann, die Trauer nicht ganz, wie es sein sollte, vertreiben kann ... sie hatte einen so milden, sanften, gutartigen Sinn.«

Das Sich-Sorgen ist ihm indes eine List des Teufels wider den Glauben. Als Melanchthon auf dem Augsburger Reichstag den Römern zu viel nachgeben will, schreibt er dem Freund in der Offenheit der Freundschaft: »Als ob Ihr mit Eurem unnützen Sorgen etwas ausrichten könntet! Was kann denn der Teufel mehr tun, denn daß er uns töte? Was noch? Ich beschwöre Dich, der Du doch sonst mit allen in allen Sachen kämpfst, kämpfe auch gegen Dich selbst ...«

Und einige Tage vor seinem Tode schreibt er aus Eisleben an seine »Allerheiligste Frau Doktorin! »Ich habe Sorge, wenn Du nicht aufhörst zu sorgen, es könnte uns zuletzt die Erde verschlingen und alle Elemente verfolgen. Lernst Du so den Katechismus und das Glaubensbekenntnis? Bete Du und lasse Gott sorgen.«

Leben im Glauben ist Leben im Vertrauen. Es wäre eine Irrlehre, zu meinen, der Glaube könne ohne Gut-Sein und ohne dem Nächsten nützlich zu sein, lebendig bleiben. So kann er mit schärfsten Worten Johann Agricola zurückweisen, der angeblich begonnen habe, »für den neuen Lehrsatz zu kämpfen und zu behaupten, der Glaube könne ohne gute Werke sein«.

Danksagung

In dieses Buch konnte ich manches aufnehmen, was in einer mehr-jährigen Veranstaltungsreihe mit dem Titel »Luther lesen« von der Evangelischen Akademie und der Stiftung Luthergedenkstätten in Wittenberg verantwortet wurde. Ich bedanke mich besonders bei dem Historiker Dr. Volkmar Joestel für anregende Gespräche und Einblicke bei der gemeinsamen Entdeckung Martin Luthers und für die in Jahren gewachsene vertrauensvolle und partnerschaftliche Zusammenarbeit.

Bildnachweis

Archiv für Kunst und Geschichte, Berlin, London, Paris: Nr. 1 (Museum der Stadt Regensburg), 28, 29 (Ulrich von Hutten, Phalarismus. Mainz 1517), 31, 39, 46 (Ludwig Rabus, Der Heiligen außerwöhlten Gottes Zeügen, Bekennern und Martyrern … warhaffte Historien. Theil 3, Straßburg 1557), 50 (Thomas Murner, Vom großen Lutherischen Narren. Straßburg 1522, 54 (Nationalmuseum Stockholm), 55, 59, 60 (Alte Pinakothek, München)

Bildarchiv Jürgens, Berlin: Nr. 7

Bildarchiv Preußischer Kulturbesitz, Berlin: Nr. 2 (Germanisches Nationalmuseum Nürnberg)

Deutsches Historisches Museum, Berlin: Nr. 35, 47

Interfoto Pressebild München: Nr. 57 (Graphische Sammlung Albertina, Wien)

Kunstsammlungen Weimar, Fotothek: Nr. 26 (Goehte-Nationalmuseum Weimar)

Martin-Luther-Universität Halle-Wittenberg, Zentrale Kustodie: Nr. 62 (Auftragswerk der halleschen Universität anläßlich der Luther-Ehrung 1983 der Deutschen Demokratischen Republik, Universitätsgebäude)

Matthias Klemm, Leipzig: Nr. 58

NFP / Fotos: Rolf von der Heydt: Nr. 4–6, 8–11, 15–23

J. M. Pietsch, Spröda: Nr.: 3, 12, 24, 25, 26, 37, 38, 40–44, 52

Stiftung Luther-Gedenkstätten in Sachsen-Anhalt: Nr. 13, 14, 32, 33, 34, 45, 48, 53, 56, 63, 64

Inhalt

LUTHER
Der Mann, der die Welt veränderte

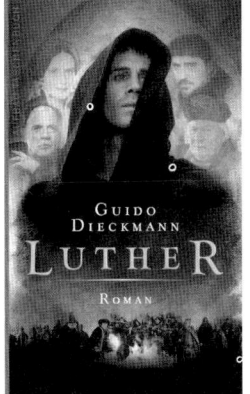

► Der Roman

Ein Einzelner forderte die Mächtigsten der Welt heraus:
Fasziniert von der Figur Luthers und der glanzvollen Bilder-
welt des grandiosen Kinofilms zeichnet Erfolgsautor Guido
Dieckmann das Leben des großen Reformators nach und
erzählt von einer hochdramatischen Epoche deutscher
Geschichte.

Guido Dieckmann
Luther
Roman
Mit Filmfotos von Rolf von der Heydt
375 Seiten
AtV 2000-7. Aufbau Taschenbuch

► Die Biographie

Eine Biographie, die sich nicht in der Darstellung des bedeu-
tenden Theologen erschöpft, sondern den Polemiker und
Poeten, den Hausherrn und Gemahl, den Unbegreiflichen
und Zerrissenen schildert. »Ein großartig geschriebenes
Luther-Buch. Herrmann reißt den Leser regelrecht mit.«
Westfälische Nachrichten

Horst Herrmann
Martin Luther
Eine Biographie. 567 Seiten
AtV 1933-5. Aufbau Taschenbuch

► Das Hörspiel

In Gesprächen zwischen Luther, Münzer, den Fuggern, Karl V.
u.v.a. werden die großen Umwälzungen des Glaubens und die
heraufziehende neue Gesellschftsordnung anschaulich gemacht.

Dieter Forte
**Martin Luther und Thomas Münzer oder die Einführung der
Buchhaltung**
Hörspiel. 3 CDs. 200 min.
ISBN 3-89813-257-9
Der >Audio< Verlag

Weitere Informationen erhalten Sie unter www.aufbau-verlag.de oder in Ihrer Buchhandlung

ISBN 3-351-02563-7

1. Auflage 2003
© Aufbau-Verlag GmbH, Berlin 2003
Einbandgestaltung Preuße & Hülpüsch Grafik Design
Innengestaltung Therese Schneider, Berlin
Druck und Binden Offizin Andersen Nexö, Leipzig
Printed in Germany

www.aufbau-verlag.de